史実が語る日本の魂

名越二荒之助

公益財団法人モラロジー研究所

◇刊行に寄せて

二荒先生のこと

上智大学名誉教授　渡部　昇一

二荒先生は高貴な感じのする方であった。そして実際になされたお仕事も高貴な精神の発露というべきものであった。

強い愛国の心をお持ちながら、それは決して偏狭なものでなかった。コリアとの関係についても日本の立場のみならず、両国の関係についての視野の広い実証的なものであった。本書に収められている他の分野についても同じである。

二荒先生の逝去はまことに惜しむべきであるが、今回このような遺著が公刊されることは大きな慰めである。

平成十九年　六月

史実が語る日本の魂　目次

本文レイアウト　エヌ・ワイ・ピー
装丁　レフ・デザイン工房

〔編集・注〕

本書は、財団法人モラロジー研究所発行の心の生涯学習誌『れいろう』（月刊）に連載した「語り継ごう日本の心」（平成十七年一月号～平成十八年十二月号）を一冊にまとめたものです。

本書の出版が決定した直後、名越二荒之助先生は体調を崩し入院されました。療養中も本書の刊行を楽しみにされていましたが、平成十九年四月十一日、享年八十四歳で逝去されました。心よりご冥福をお祈り申し上げます。

モラロジー研究所出版部

史実が語る日本の魂

パラオの月章旗とサマワの自衛隊

パラオの月章旗を手にする筆者

「日の丸」は、戦争の旗でも平和の旗でもない。「日本の旗」なのである。日本の行く所、戦時、平時を問わず、日の丸の旗と共にあった。「日の丸」ばかりではない。「君が代」も天皇も、戦争と平和を超えて、日本の国歌であり、天皇であられた。

特に天皇の場合は、戦争中も天皇であり、あれだけの大敗戦をしても、その存在は変わらず、尊崇と敬愛の対象であった。ナチス・ドイツやイタリア、ソ連等は、敗戦や革命の激動を通じて、元首も国旗も国歌も変わったが、日本だけは変わらなかった。この変わらない継続性に日本人はあまり気づかないが、世界には日本の安定性や一貫性に驚く人は多い。

今回は、わが国の歴史とともに生まれた「日の丸」の持つ意味について触れてみたい。

パラオで行われた奉祝式典

日本から四千キロも離れた太平洋の島国のパラオ共和国だが、昭和五十六

天皇陛下御在位60年を奉祝するパラオの提灯行列
（昭和61年11月23日・コロール島にて）
右は「日の丸」と「月の丸」（月章旗）

年一月に独立するとき、国旗のデザインを公募した。そのときに秀作が七十数点集まったが、「月の丸」を、一も二もなく国旗に定めた。「月章旗」と呼んでよい。青は太平洋、黄丸は満月を意味する。現在、パラオ政府は、「満月はパラオ人の円満な心を表す」と公示しているが、当時のパラオ人は、「太陽なくして月は輝かない」とか「月は日出《い》ずる国・日本に照らされて輝く」と言っていた。

彼らがこのような親日意識を持つようになったのはなぜか。

パラオは、第一次世界大戦以来日本の統治下にあり、日本人も大量に移住して彼らと生活を共にした。彼らと同じ立場で汗を流し、産業育成や教育に尽くした。特に彼らを感動させたのは、大東亜戦争での出来事であった。戦争末期には、ペリリュー・アンガウル両島に、日本軍一万二千名が駐留していた。米軍の侵攻必至となるや、守備隊長・中川州男《なかがわくにお》大佐は、島民を本島に移して、日本軍だけで戦った。武器・弾薬・食糧の補給もない中、七十数日間戦い、最後には「サクラ・サクラ」の電報を打って玉砕《ぎょくさい》した。

戦が終わると、島民たちは泣きながら戦死者の遺体を埋葬《まいそう》し、その後も慰霊を欠かさなかった。敵将・ニミッツ太平洋艦隊司令長官は、日本軍人の勇戦を讃《たた》えて、次のような詩をつくった。

この島を訪れるもろもろの旅人たちよ。故郷に帰ったとき伝えられよ。この島を護《まも》るべく玉砕した日本軍守備隊の勇気と祖国を思う心根を。

私が代表となった〝日本とパラオの心を結ぶ会〟は、平成六年の玉砕五十周年にあたって、この詩の和英両文を碑に刻み、ペリリュー神社の境内《けいだい》に建《こん》立《りゅう》した。

私を驚かせた秘話が、もう一つある。昭和六十一年十一月二十三日、パラオの人々はコロール島のペリリュー会館で、「天皇陛下御在位六十年」の奉祝式典を行い、その後、提灯行列《ちょうちんぎょうれつ》を行ったのである。この行事を主催したのは、女

ペリリュー神社に建立されたニミッツの詩碑
碑の両面に和文、英文で刻まれている

酋長《しゅうちょう》の沖山豊美《おきやまともみ》さん（日本名）だった。彼女の父は日本人で、彼女はパラオではただ一人の高等女学校出身者であり、戦後はアメリカ人からも尊敬されていた。私は、なぜ天皇陛下の奉祝行事をしたのかを尋ねてみた。彼女は流暢《りゅうちょう》な、そして正しい敬語を使いながら、次の四点を語った。

「一、日本の御皇室は世界で一番古くて尊い家柄で、陛下は動乱の時代を六十年間も在位された。二、日本の兵隊さんは、陛下の御詔勅《ごしょうちょく》によって、パラオを護《まも》るべく玉砕するまで戦った。三、陛下のお力によって日本軍は一斉に矛《ほこ》を収め、和平の道が開かれた。四、天皇陛下は戦争のリーダーであり、平和のリーダーであり、心のリーダーであられる」と。

世界に類を見ない日本の特質

ここまで書いて想《おも》い出したのは、イラクに派遣された自衛隊員のことである。第一次イラク復興支援群長の番匠《ばんしょう》幸一郎《こういちろう》一佐は、出発前に靖國《やすくに》神社に参拝したことを洩《も》らしていた。その他、「日の丸をしっかり掲げて」「武士道の国の代表者として」と、何回か語っていた。

〝番匠語録〟には、印象に残るものが多いが、私が最《もっと》も印象に残っているのは、「日出ずる国と呼ばれる日本が、イラクを照らす日がやってきた。イラクはイスラムの国であり、イスラムは月や星がシンボルだから」という言葉である。宿営地のサマワでは、毎日朝礼のときには日の丸とイラク国旗を同時に掲げて、国歌を吹奏する。『諸君！』（文藝春秋社）平成十六年八月号に載った番匠一佐の言葉を読んだある東大生が言っていた。

「太陽は、人類すべてにとって原始の信仰であった。それが日本の場合、信仰の対象がSun Goddess（太陽の女神）となり、国の呼称がRising Sun（日出ずる国）となった。そして、正式の国名が『日本』で、国旗は『日の丸』である。これこそ世界に類を見ない日本人の心のエキスではないか。このことを卒論としてまとめたいのだが、教授が認めてくれるかどうか」と。

サマワ市内のラスマエイ小学校を訪問（中央は番匠群長）

訓示を受ける隊員たち。正面には日の丸とイラク国旗が見える。右の旗は復興支援群旗

サマワ市民による自衛隊歓迎の行進

（写真提供＝陸上幕僚監部広報室）

宗教儀礼より大切なもの
――日露戦争百年、金州城外斜陽の英霊顕彰祭

破壊された詩碑

平成十六年は、日露開戦百年にあたった。その年の三月二十日から、東京都在住の学生を含めて計三十二人が、旅《りょ》順《じゅん》・遼陽《りょうよう》・瀋陽《しんよう》（奉天《ほうてん》）の戦跡を訪ねた。旅順では、学生が主催して英霊顕彰祭《けんしょうさい》（ここでは「慰霊祭」を使う）を挙行した。神職も僧侶も牧師も不在の中、学生中心で行った現地慰霊祭は、参加者に大きな感動を与えた。それに刺戟《しげき》を受けた名古屋の人々は、同じコースをたどり、慰霊祭を催行するツアーを計画した。このツアーは、同年十月二日から出発したが、参加者は双方とも同数の三十二人であった。私は双方とも参加した。

学生たちは、旅順の「水師《すいし》営《えい》の会見処《かいけんじょ》」の前庭か、乃木《のぎ》希典《まれすけ》将軍自筆の「爾霊山碑《にれいさんひ》」の前で慰霊祭を催行《さいこう》する準備をして出かけた。ところが、われわれを案内する中国人のガイドは「慰霊祭は許されない」と言う。なぜ慰霊祭を禁止するのか。「宗教は阿片《アヘン》」とする唯物論《ゆいぶつろん》の国だからか、それとも「反日」を国是とする中国共産党の国だからか。われわれが追及すると「水師営の会見処も爾霊山碑も観光客が多すぎる。彼らが密告したらわれわれの首が危ない。南山《なんざん》戦蹟《せんせき》なら誰《だれ》もいないし、われわれは見て見ぬふりをするから」と言う。ガイドは少し妥協してくれた。

南山戦蹟というのは、日露戦争の緒戦において、大激戦が行われた所である。奥保鞏《おくやすかた》大将率いる第二軍が、金州《きんしゅう》城《じょう》から南山、大連に向かって攻撃を開始したのが明治三十七年五月二十六日。四千四百名に及ぶ死傷者を出しながら、三十日に占領を終えた。二十七日には

かつての「南山戦蹟」の碑

乃木将軍自筆の書

旅順攻防戦最後の激戦地203高地に立つ「記念塔」。乃木将軍は203高地を「爾霊山」と名づけ記念塔に遺した。この戦いだけで日本軍の戦死傷者は約1万余、露軍は約5千3百余と言われる

この戦闘で乃木大将の長男・勝典《かつすけ》少尉が戦死した場所でもある。

乃木大将は、第三軍司令官として旅順要塞《ようさい》攻略の任を帯びていた。大将は着任の直前、幕僚《ばくりょう》と共に南山の戦蹟を視察した。それは六月七日、長男が戦死した十日後のことであった。そのとき詠《よ》んだのが、「乃木三絶」の一つに挙げられる次の「七言絶句」である。

山川草木轉荒涼
　山川草木《さんせんそうもく》うたた荒涼
十里風腥新戦場
　十里　風なまぐさし新戦場
征馬不前人不語
　征馬《せいば》すすまず　人語らず
金州城外立斜陽
　金州城外　斜陽《しゃよう》に立つ

ここで南山の戦蹟について解説しておかねばならない。日露戦争後に南山の丘上に、「南山戦蹟」の大きな碑が建てられ、それから少し下がった所に、前掲の「山川草木」の詩碑が建てられた。しかし、この二つの碑は、昭和四十年（一九六五年）、毛沢東《もうたくとう》が発した文化大革命期に、紅衛兵《こうえいへい》が破壊してしまった。詩碑のほうは、今は二つに割られて旅順監獄に入れられたままである。

現在の日本人に、日露戦争百年に学ぶ志があるなら、中国政府に対して再建を要請するか、それができないなら、日本人の手で現地に再建するか、日本まで持ち帰ったらどうであろうか。

「南山戦蹟」の碑（左上）のすぐ近くに立てられていた「山川草木」の詩碑（当時）

「ここはお国を何百里」

慰霊祭催行にあたって、われわれは破壊された南山戦蹟の碑の跡地の上に、日の丸の国旗を掲げ、それを囲んで全員が整列した。

時に午後四時。満洲《まんしゅう》（中国東北地区）は日本よりずっと北に位置しているので、陽が落ちるのは早い。赤い夕陽は西空に傾き、丘状の台地を染めはじめていた。赤く染まった台地は、先輩たちの流した血の色を想起させた。

やがて祭主の司会で国歌が斉唱され

破壊され、旅順監獄に入れられている「山川草木」の詩碑の一部

た。国歌・君が代斉唱をもって、「降神《こうしん》の儀」にしたのである。続いて大学四年生の久田広光《ひさだひろみつ》君が、祭文《さいもん》を奏上した。祭文は、今からちょうど百年前、この地で屍山血河《しざんけつが》、倒れても倒れても不撓《ふとう》不屈《ふくつ》の精神をもって勇戦敢闘《かんとう》した英霊たちを偲《しの》びながら、櫻井忠温《さくらいただよし》の『肉弾』の一節を引用した。

『肉弾』は、櫻井中尉が第一次旅順総攻撃のとき、右手に重傷を負い、左手で書いた戦闘の体験記である。この作品は評判を呼び、明治天皇もお読みになり、櫻井中尉は拝謁《はいえつ》の栄を賜った。その後、十二か国語に翻訳され、各国軍人の魂をゆすった。アメリカのセオドア・ルーズベルト大統領も感激して、中尉に直接感謝の手紙を送り、ドイツ皇帝のヴィルヘルム二世は全軍人に読むことを命じた。

久田学生の切々とした祭文奏上が終わると、列席者が次々と自作の和歌を奏上した。続いて日高廣人《ひだかひろと》氏が「山川草木」の詩を吟じ、元陸軍少佐であった岩田義康《いわたよしやす》氏がハーモニカで「ここはお国を何百里、離れて遠き満洲の」で始まる「戦友」を吹奏した。

昇神《しょうしん》の儀は、「海ゆかば」の合唱で終わったが、参列者は全員この地を去ろうとしなかった。ある人は英霊の血で染まった大地に掌《てのひら》を置いて握りしめ、また石を拾って持ち帰る者もあった。戦蹟巡拝ツアーの最後を飾るにふさわしいフィナーレであった。

慰霊祭で流れた涙

私はこれまで慰霊祭には何度となく参列したが、旅順の古戦場で行った慰霊祭ほど感動したことはなかった。そもそも慰霊は神職とか僧侶とか牧師だけが行うのではない。参加者一人ひとりが主役なのである。学生が作った祭文は、神職の荘重な祝詞《のりと》よりも、そして理解不能の読経《どきょう》よりも、また牧師や神父の祈禱《きとう》よりも、直接心に響くものがあった。それに、舞台は祖国のために身命を捧《ささ》げた英霊の魂が留《とど》まる台地である。そのうえ祭典は若い学生が主催したこともあって、涙を流さない者はいなかった。

そもそも慰霊祭とはなんであろうか。神道とか仏教とかキリスト教などが行う宗教儀礼よりも、大切なことがある。それは、参加者の信仰心であり、英霊への憶念《おくねん》の情なのである。

壊された「南山戦蹟」碑の跡地で催行した英霊顕彰祭（平成16年3月27日）

世界で最も短い詩
──「サクラ・サクラ」と「あづまはや」

日本には哲学がない、とよくいわれるが、膨大《ぼうだい》な観念用語で固めた「哲学」は不要なのである。それよりも十七文字の俳句や、三十一文字の和歌のほうが短くて、千万言《せんまんげん》の内容を含めることができる。その中でもさらに短い詩がある。それを紹介してみたい。

守備隊最後の電文

一つは、大東亜戦争中の昭和十九年（一九四四）のことである。そのころ日本の委任統治領《いにんとうちりょう》であったパラオ諸島の南方に、ペリリュー島があった。日本はそこに東洋一の規模を持つ飛行場を造り、中川州男大佐以下約一万人が守備に当たっていた。守備隊は狭い島に洞《どう》窟《くつ》を掘りめぐらし、徹底抗戦の構えで待機していた。米軍は猛烈な艦砲《かんぽう》射撃を連日にわたって繰り返し、九月十五日、四万五千人の大軍をもって波状的に上陸してきた。日本軍は一時は米軍を撃退する戦果を挙げたが、弾薬も食糧も乏《とぼ》しい中、悪戦苦闘、それでも七十三日間持ちこたえた。ついに生き残りが五十人になった十一月二十四日、通信手段断絶の最後に、「サクラ・サクラ」の六文字をパラオ集団司令部あてに打電した。全員桜のごとく散ってゆく決意を固めた電報であった。

この壮絶なる戦闘に対し、昭和天皇から十一回にわたって嘉尚《かしょう》の電文が寄せられ、米軍はペリリュー島を「天皇の島」と名づけた。太平洋艦隊司令長官であったニミッツ大将は、「太平洋戦争中最も大きな損害率（四〇パーセント）であった」と著書に記し、「この島を訪れるもろもろの旅人たちよ……」で始まる詩を作った（七ページ参照）。

戦闘が終わると、パラオの人々は泣く泣く日本兵士の遺体を埋葬した。彼らはその後も「サクラ・サクラ」の最後の電文を忘れられなかった。現地の女酋長の沖山豊美さん（日本名。父は日本人）は、「ペ島の桜を讃える歌」と題する歌詞を作り、小学校長の

ペリリュー島の大山山頂。残る50数人がたてこもり、昭和19年11月24日「サクラ・サクラ」の最後の電報を打って玉砕した記念碑

ウェンティさんが作曲した。八番まで続くこの歌は、その後もパラオで愛唱されている。そればかりではない。パラオにも桜を植えたいとして、日本から桜の苗木《なえぎ》を持っていったが、熱帯のため育たなかった。今は桜に似た花を「南洋ザクラ」と称して「国花」のようにしている。

そしてもう一つ。ペリリュー島には「サクラ」と名づけられた野球チームがあり、いつも優勝している。彼らは「ヤマトダマシイで戦うから勝つ」と言う。中川隊長が打った最後の電文、「サクラ・サクラ」という六文字の詩は、彼らに万感《ばんかん》の思いを伝え続けているのだ。

妻を恋する絶唱

「サクラ・サクラ」は六音詩だが、それよりももっと短い詩がある。日本《やまと》武尊《たけるのみこと》の「あづまはや」という「五音詩」である。これを「五音詩《しょう》」と称しているのは私だけだが、この詩はいつ作られたのか。

日本武尊は、第十二代景行《けいこう》天皇（四世紀前半）の時代に登場する。天皇の詔《みことのり》によって、服《まつろ》わぬ者を従えるために、東方に遠征された。焼津《やいづ》では賊軍《ぞくぐん》から草原で火を放たれた。尊は妻である弟《おと》橘媛《たちばなひめ》の身を案じながら、草薙剣《くさなぎのつるぎ》を振って危機を脱せられた（この剣が三種の神器の一つ。熱田神宮の御神体）。

尊はさらに軍を進め、走水《はしりみず》（横須賀）に到着され、対岸に渡るべく船を出された。すると急に海が荒れ狂い、今にも転覆《てんぷく》しそうになった。媛は「これは海神の怒りに違いない。怒りを鎮《しず》め、尊に無事任務を果たしてもらわなければならない」と決意して、わが身を海に投じられた。そのときの辞世が、

昭和８年皇太子殿下（今上陛下）ご生誕の奉祝記念として製作された『国史絵画』78点の中の一面（神宮徴古館所蔵・伊東深水筆）

さねさし相模《さがむ》の小野に燃ゆる火の
火中《ほなか》に立ちて問《と》ひし君はも

という絶唱であった。

自分の身をいけにえに捧《ささ》げた媛によって海はなぎ、尊の軍は君津《きみつ》（千葉県）に到着できた。「君津」は、尊が到着された港という意味である。そこから木《き》更《さら》津《づ》に進み、そこで、もしや媛が帰ってくるかもしれぬと思って、七日間待たれた。木更津は「きみさらず（君去らず）」からきている。

尊はついにあきらめ、地方平定の任務を果たして帰途につかれた。足柄《あしがら》※（現

木更津市にある「吾妻神社」には、流れついた弟橘媛の袖が祀られているという

※場所については諸説がある。

木更津市の太田山公園に立つ「きみさらずタワー」の頂上
右が日本武尊、左が弟橘媛

在の神奈川県）に寄られたときのことである。尊は坂道を登り、媛の亡くなった東に向かって溜息《ためいき》をつかれ、

あづまはや

と三度歎《なげ》かれた。

この歎きを「ああ、わが妻よ」と現代語訳したのでは尽くされない。「あづま（吾妻）はや」の五音こそは、世界史上最短の詩ではあるまいか。尊はそこから東の国を「あづま」と名づけられた。以来、「東」を「あづま」と呼ぶのはそのためである。現在、足柄峠には、「あづまはや」の標柱が立っているし、箱根の明神《みょうじん》ヶ岳《がたけ》中腹には日本武尊の碑がある。さらに群馬県には「吾妻《あがつま》郡吾妻町《あがつままち》」があり、「嬬恋《つまごい》村」もある。

夜間には「きみさらずタワー」がライトアップされる

弟橘媛のことは教科書が取り上げなくなったが、古くは『古事記』『日本書紀』ばかりではない、『常陸国風土《ひたちのくにふど》記《き》』『源平盛衰記』『神皇正統記《じんのうしょうとうき》』に書かれ、戦前の教科書にも載っていた。また軍艦や商船には、「海の守り神」として神棚《かみだな》に祀《まつ》られていた。外国人では、アイバン・モリスの『高貴なる敗北』（中央公論社）、モーリス・パンゲの『自死の日本史』（筑摩書房）などは、日本武尊の章で、最も鮮烈な物語として弟橘媛を紹介している。それぱかりではない。皇后陛下は、平成十年九月二十一日、ニューデリーで開かれた「国際児童図書評議会世界大会」で講演されたとき、弟橘媛の物語への感動を語られた。

私の調べたところでは、東京湾周辺で、弟橘媛は合計九つの神社に祀られ、地元住民により守られている。『古事記』の物語が走水、君津、袖《そで》ヶ《が》浦《うら》、木更津、吾妻、東などの地名ともなっている。『古事記』『日本書紀』は、今も生活の中に生きているのである。

▲旧縣社・走水神社（横須賀市・走水）
御祭神は日本武尊と弟橘媛

◀東郷平八郎大将ら七人の発起人によって、走水神社の裏山に建てられた弟橘媛の辞世碑
明治天皇第四皇女昌子内親王書。明治四十三年六月五日除幕

伝統に基づいた祭祀

——世界から見た靖國神社の普遍性と尊貴性

もう何年も前から、日本人を憂鬱《ゆううつ》にさせていることがある。靖國神社問題である。中国から首相の靖國参拝に文句をつけられたり、「A級戦犯分祀《ぶんし》」を迫られる。すると日本側はオタオタして、参拝の日時を変更したり、言《い》い訳《わけ》がましいことを述べる。そもそも靖國神社は、日本にとって最も神聖な場所の一つである。それに対して中国が内政干渉がましいことを言うのは不遜《ふそん》であり、日本がそれに応ずるのは「屈辱《くつじょく》」である。日中両国民とも無知のため、袋小路《ふくろこうじ》に追い込まれた感がある。どう解放したらよいのか。

平成15年5月、米軍横田基地の将校が揃って靖國神社を参拝（靖國神社所蔵）

米・独軍人の靖國参拝と反応

これまで多くの外国の軍人が、靖國神社に参拝している。彼らは、神社とか神道とかの形式にはとらわれない。整列して一斉《いっせい》に挙手《きょしゅ》の礼をする。参拝した彼らに聞けば、「祖国のためにロイヤリティ（忠誠《ちゅうせい》）を尽くした英霊には、敵味方を超えて敬意を表するのは当然」と答える。

平成八年六月十七日のことである。日本軍を相手にペリリュー島で戦ったコードリン・ワグナー氏（米国元海兵隊軍曹《ぐんそう》）と、エド・アンダーウッド氏（米国元海兵隊大佐）が、家族を連れて来日し、靖國神社に参拝した。私は以前にパラオで知り合った仲だったので、参拝に同行した。通訳は戦史に詳しい足羽雄郎《あしばいさお》氏にお願いした。昇殿《しょうでん》参拝の前に、境内を案内した。彼

旧西ドイツ海軍士官候補生50名による靖國参拝（昭和40年3月）。このとき神社は靖國の銀杏３本を贈り、キール軍港メモリアルに植えられた。ドイツは返礼に「ドイツ柏」を贈ってくれ、今日、靖國会館の前庭で大きく成長している（同上）

らはこもごも言う。

「靖國神社は狭い。二百数十万人の戦死者を祀るのに、面積は十万平方メートルしかない。米国のアーリントン墓地は、二十三万の死者を祀るのに、面積は靖國神社の二十五倍（二百五十万平方メートル）ある。それでも狭くて困っている」

そこで私は答えた。

「アメリカは戦死者の遺体を国家が引き取って墓を作るから、狭いはずだ。日本は遺体を遺族に返し、引き取り手のない遺骨は千鳥ヶ淵《ちどりがふち》戦没者墓苑《ぼえん》に納める。そして、戦死者の霊魂はすべて靖國神社に祀り、地方ではそれぞれ護國《ごこく》神社に祀る。神社は遺体ではなく霊魂を祀るから、一千万でも二千万でも祀ることができる」

そう解説すると、彼らは「なるほど」とうなずく。

日米元軍人による靖國神社参拝（上）と合同シンポジウム（下）。元海兵隊軍曹コードリン・ワグナー氏、元海兵隊大佐エド・アンダーウッド氏は家族を連れて参拝（平成8年6月17日）

やがて昇殿参拝したのだが、その前に手を洗い口をすすぐ。私は解説する。

「二百数十万の英霊は、あの本殿に鎮座《ちんざ》している。これから英霊に近づくのだから、身体を清めるため」と。続いて太鼓《たいこ》が鳴り始める。「〝これからお参りします〟という合図だよ」と説明する。すると彼らは深くうなずく。全員が拝殿に整列して、二拝二拍手一拝の礼を行う。

「二拝というのは、英霊の心を受けとめますという誓いの挨拶《あいさつ》であり、二拍手はそこに集った者が、みな一つ心になることだ。そして、最後にもう一回礼拝《らいはい》して締《し》める。縦と横、すなわち英霊と参列者を一つに調和させることであって、十字を切るのと同じではないか」

このような名越流の解釈なのだが、足羽氏は本質を掴《つか》んで通訳される。そのため、彼らは興奮気味に受けとめてくれる。参拝が終わって感想を聞くと、次のように語った。
①全体が日本の伝統に基づいた祀り方だからすばらしい。感動した。
②英霊は天に昇ってしまうのではなく、あの本殿に神として鎮《しず》まっている。そして、国民は次々と絶え間なく参拝している。
③神社全体が樹木に囲まれた荘厳《そうごん》な雰囲気だ。それに神職《しんしょく》が真剣に祭祀《さいし》を行っている。日本の祀り方は、戦死者にとって最高の栄誉だ。
その年の八月十三日、駐日ドイツ大使館国防武官のロベルト・ウェルナー大佐が、任務を終えて帰国するので参拝するという。私も同道したが、外交官だけあって、玉串奉奠《たまぐしほうてん》も作法どおり見事にこなす。参拝後、次のような感想を述べた。

「ドイツは敗戦後、米・英・仏・ソの四か国に分割占領され、その後、東西に分裂した。戦死者の慰霊顕彰《けんしょう》施設もまだバラバラである。靖國神社のように、一つにまとめ、ドイツの伝統を体現《たいげん》したものにしたい」

平成8年8月13日、帰国に当たって参拝した2人。右からイランイスラム大使館一等書記官M・シャケリ氏、ドイツ大使館国防武官ロベルト・ウェルナー大佐

中国は伝統に基づいた祭祀を

以上、靖國神社に参拝したアメリカとドイツ軍人の例を紹介した。彼らは、祭祀が日本の伝統に基づいていることに感動している。中国人も一度靖國神社に参拝して、そのことを確認したらどうか。

北京《ペキン》の天安門前広場の中央には、壮大な「毛主席記念堂」がある。これはギリシア建築の真似《まね》であって、中国古来の伝統にはそぐわない。いっそ「毛沢東廟《びょう》」にしたらどうか。そして、記念堂の前には、「人民英雄記念碑」が立っている。これは阿片戦争以来数千万の英霊のメモリアルという。しかし、それは高さ三十七メートルの石碑に過ぎない。毛主席たった一人のために建てた記念堂に比べて、あまりにも小さ過ぎる。一度、靖國神社に参拝してみられよ。そこでは、戦死者すべての霊爾簿《れいじぼ》を作って全員を洩れなくお祀りしている。貴国のように石碑を建てただけでは、「人民共和国」の名が泣くのではないか。中国は古来の伝統に基づいて、戦死者を「天壇《てんだん》」に祀り、天帝に近い神格を与えたらどうか。

◀写真奥から、故宮、天安門、人民英雄記念碑、毛主席記念堂が一直線に並んでいる

◀周恩来《しゅうおんらい》総理が亡くなったとき、花輪が山と供えられた人民英雄記念碑

▲毛主席記念堂（手前）に比べて、人民英雄記念碑（左に見える石塔）はいかにも小さい

◀古くから中国の天帝をまつるためにつくった祭壇を「天壇」という。北京外城にある三層の「祈念殿」が特に有名

世界史の奇蹟、天壌無窮の神勅

——国家伝統のエキスがここにある

最高の研究課題

平成九年十一月のことであった。第二十四回日華教育研究会が、東京の国立教育会館で開かれた。そのとき、台湾側の責任者であった許國雄《きょこくゆう》博士（一九二二～二〇〇二）の挨拶が忘れられない。医学と教育学、二つの博士号を持つ許氏は、台湾の元国会議員でもあり、発言は常にユニークで参加者に強い印象を与えた。

そのとき許博士は、「日本人の大切な忘れもの」と称して、いきなり「天壌《てんじょう》無窮《むきゅう》の神勅《しんちょく》」を朗誦《ろうしょう》しだした。神勅というのは、高天原《たかまのはら》の最高神である天照《あまてらす》大神《おおみかみ》が、孫の瓊瓊杵尊《ににぎのみこと》に「爾《なんじ》の治める葦原《あしはら》の瑞穂《みずほ》の国（日本のこと）は、天地とともに永久に盛えるに違いない」と約束された詔《みことのり》なのである。

豊葦原《とよあしはら》の千五百秋《ちいほあき》の瑞穂の国は、是《こ》れ、吾《わ》が子孫《うみのこ》の王《きみ》たるべき地《くに》なり。宜《よろ》しく爾皇孫《いましすめみま》就《ゆ》きて治《しら》せ。さきくませ。宝祚《あまつひつぎ》の隆《さか》えまさんこと、当《まさ》に天壌《あめつち》と窮《きわま》りなかるべし。

この朗誦には、みんな驚いた。確かに戦前の修身《しゅうしん》の教科書には、この神勅が掲載されていたのだが、日本人はすっかり忘れていた。それを台湾人の許博士が、朗々と暗誦するのである。われわれ年配者が、度胆《どぎも》を抜かれていると、許博士は語り始めた。

「いかなる国でも国家の永遠性を願うものだ。秦《しん》の始皇帝《しこうてい》も、二代、三代から万代に続くこと念じていたが、二代で終わってしまった。ヒトラーは、政権を獲得すると、第三帝国の建設を訴え、『ドイツ民族数千年の将来は約束された』と豪語していたが、実質十一年で滅びてしまった。マルクス・レーニン主義によるソ連は、千年の共産社会の到来を呼号《こごう》していたが、七十四年で自己消滅した。

世界史を眺《なが》めれば、もっと長命を保った国があることはある。漢《かん》は前漢と後漢を合わせて四百年、唐《とう》は三百年、宋《そう》は北宋と南宋を合わせて三百年、明《みん》、清《しん》

「天壌無窮の神勅」をいただいて「三種の神器」と共に高千穂の峯に「天孫降臨」される瓊瓊杵尊（神宮徴古館所蔵・狩野探道筆）

許博士の創立した東方工商専科大学の十階には日本コーナーがあり、日本のエキスが展示されている
写真は東方工商専科大学の日本間と許博士（上）、同校にある昭和天皇ゆかりの「東方瑞竹」（下）

もほぼ三百年。朝鮮には高麗《こうらい》や李氏朝《りしちょう》鮮《せん》のように五百年の命脈を保った国があり、ヨーロッパにもいくつかある。しかし、彼らは、日本の天皇朝の永遠性にははるかに及ばない。神勅にあるようにまさに〝天壌無窮〟なのだ。世界史の奇蹟《きせき》と言ってもよい。なぜ日本にだけそのようなことが起こったのか。これこそ最高の研究課題であり、応用問題ではないか」

許博士は、伊勢神宮に参拝した直後だったので、「天壌無窮の神勅」が甦《よみがえ》ったのかもしれなかった。

万世一系の秘密

ここに許博士の問題提起を紹介したが、韓国にも「天皇朝の万世一系の不思議」を解説するユニークな学者がいる。漢陽《かんよう》大学校名誉教授の金容雲《きんよううん》氏である。金教授はサイマル出版から『韓国人と日本人』など、ベストセラーを何冊か出している。「天皇がわからなければ、日本はわからない」と気づいている人でもある。私が学生を連れて訪韓したとき、天皇の不思議を語ってもらった。要約すれば、次のようになる。

――日本は山が高く、谷が深い。それに雨が韓国の倍降る。全国土がしたたるような濃い緑に覆《おお》われ、こんもりとした鎮守《ちんじゅ》の森がある。そこに神社が作られ、氏神《うじがみ》が祀られている。どこの家にも民族の祖先を祀る神棚があり、家の祖先を祀る仏壇がある。そして皇室と国民に共通した最高の祖先神が、天照大神である。これが太古以来培《つちか》われてきた日本人の精神構造であり、民族の心の素型《すがた》といえよう。

それに日本人には慎《つつし》みの心がある。日本のクリスチャンの中には、〝自分がイエス・キリストの生まれ変わりだ〟と公言する者はいない。また、天皇になる野心を持つ人があったとしても、退《しりぞ》けられてしまう。そして、もう一つ付け加えれば、日本には玄海灘《げんかいなだ》がある。大陸から離れた島国だから、邪魔されることなく〝民族の素型〟ともいうべきものが、太古から培われてきた。玄海灘の果たす役割も無視できない。

神武天皇即位の大詔解釈

金教授は理学博士だけに、極めて具体的に自然条件から解いてみせた。私はそれに加えて学生には、「神武《じんむ》天皇即位の大詔《たいしょう》」を紹介しながら、日本国体の本質を次のように解説したのである。

……夫《それ》大人《ひじり》制《のり》を立てて、義《ことわり》必ず時に随《したが》ふ。苟《いやし》くも民に利《かが》有《あ》らば、何ぞ聖《ひじり》の造《わざ》に妨《たが》はむ。且當《まさ》に山林を披《ひら》き払ひ、宮室《おおみや》を経營《おさめつく》りて、恭《つつし》みて宝位《たかみくら》

に臨みて、元元《おおみたから》を鎮《しず》むべし。上《かみ》は乾《あまつ》靈《かみ》の國を授けたまひし徳《みうつくしび》に答へ、下《しも》は皇孫《すめみま》の正《ただしきみち》を養ひたまひし心《みこころ》を弘《ひろ》めむ。然《しこう》して後に、六合《くにのうち》を兼ねて都を開き、八紘《あめのした》を掩《おお》ひて宇《いえ》にせむこと、亦《また》可《よ》からずや。

①この大詔は、初代の神武天皇が諸国を平定されたときの建国宣言にあたるものだ。ところが、この中には自分が建国したというような英雄主義が見られない。「乾霊（天照大神）から授けられた徳に答える」態度である。この御態度が歴代天皇に受け継がれ、即位のときに行われる大嘗祭《だいじょうさい》は、天照大神と一体になる儀式だ。明治維新も過去を否定する革命ではなくて、「諸事神武創業の始めに基づく王政復古」であった。すなわち原点に立ち返って新しく出直すことであった。

橿原《かしはら》に都を建てられた神武天皇主催の紀元祭式典（2月11日）（神宮徴古館所蔵・小泉勝爾筆）

②天皇は、国民を常に「元元《おおみたから》」「大御宝」と見られ、民の利益を優先するのが、聖人の道とされる。これこそ民主主義の原点ではないか。

③天皇から見れば、日本は「民主国」であり、国民から見れば、「君主国」、全体から見れば「君民共生国」と言えよう。西欧流の政治学では説明できない国柄なのである。

④このような「君民一如《くんみんいちにょ》」の謙虚な心を広め、その後、国内がまとまり、世界が家族のように結ばれれば、喜ばしいことである。

昭和十五年（一九四〇年）、紀元二六〇〇年を奉祝して宮崎市八紘台に建立された「八紘一宇《はっこういちう》」の記念塔・八紘之基柱《あめつちのもとはしら》

＊

明治三年、政府のお雇《やと》い外国人として来日したアメリカ人にエリオット・グリフィス博士（一八四三〜一九二八）がいる。彼は、南北戦争に比べて、明治維新の奇蹟的成功を知り、『THE MIKADO'S EMPIRE（皇国）』という大著を著《あらわ》した。その中で、グリフィス博士は、「ミカド主義は、神武天皇によって創始されたものではない。それ以前にすでに形成されていた」と述べている。特定の人が作り上げた主義とかイデオロギーではない、というのである。含蓄《がんちく》に富んだ指摘ではないだろうか。

アメリカの教科書『アジア・アフリカ世界』では、日本の歴史をイザナギ・イザナミの国生み神話から教えている（『昭和の戦争記念館・第3巻・大東亜戦争の秘話』展転社）

すべてに調和をもたらす日本の永遠性

——ギリシア文明と日本文明に学ぶもの

欧米文化の源流はギリシア・イスラエルに

私は昭和四十九年（一九七四年）に文部省（当時）から派遣されて、教育事情視察のために世界を一周したことがある。東南アジアからソ連、ヨーロッパ、アメリカと、世界の「目抜き通り」を回ったことになる。この体験ほど勉強になったことはない。世界を舞台にして日本の実相が明確に浮かび上がった。この体験は『新世紀の宝庫・日本』と題して日本教文社から刊行し、十七版まで続いた。それ以来、暇《ひま》を見つけては、海外取材を重ねた。そのためか、よく「どこが一番印象に残ったか」とか「感動したか」と聞かれる。それに対する解答はいつも決まっている。

＊

アメリカといっても、アメリカ独自の文化や文明はない。あるとすれば、ニューヨークを中心とする摩《ま》天楼《てんろう》くらいだが、今はどこにでもある。それに、アメリカ自体がヨーロッパのコピーなのだ。それではヨーロッパはどうか。

そのヨーロッパも、源流はギリシアとイスラエルにあることが、訪ねてみればよくわかる。

少しだけ例を挙げてみよう。よくローマ神話が語られるが、中身はギリシア神話の焼き直しである。わが国で、ジュピター、ミネルヴァ、ヴィーナス、アポロ、マーキュリー等、英語名で呼んでいるが、実際はギリシアの神々なのである。十四、五世紀にイタリアを中心にルネサンスが起こり、「文芸復興」と呼ばれたが、中身はギリシア文明への「復古」であり、「再生」だった。確か

昭和56年、パルテノン神殿を訪れたときの著者

にルネサンス運動は高揚したが、建築にしても彫刻にしても、ギリシアを超えることはできなかった。

神話に基づく神殿はことごとく廃虚となったギリシア

現在、日本の教科書には、アテネのアクロポリスに建つパルテノン神殿が載《の》っている。古代ギリシアでは、ポリス（自治体）ごとに守り神を持っていた。アテネの守り神はアテナという女神で、この神殿に祀られていた。創建は紀元前四四〇年ごろだが、その神殿は人間が到達した建築美の最高傑作《けっさく》といわれる。

欧米諸国の建築物の中には、ドーリア式、コリント式の区別はあるが、ギリシア様式をコピーしたものが、あまりにも多い。中華意識の強い中国だが、北京の「人民大会堂」も、「毛主席記念堂」も、パルテノン神殿の真似ごとなのである。

ところがこのパルテノン神殿を訪ねてみれば、屋根は飛び、室内はがらんどうで、もちろんアテナの神像はない。周囲には大理石の破片が散乱し、石柱が立っているだけである。

女神アテナと海神ポセイドンが争ったといわれ、荘厳な美をたたえるパルテノン神殿も今は廃虚となっている

それればかりではない。アテネにはギリシア神話の最高神を祀るゼウス神殿がある。高さ二〇・七メートルのコリント式の柱が百四本でできていたのだが、今は十六本残っているだけである。

アテネから東南へ六〇数キロ行った所にスニオン岬がある。女神アテナと争ったポセイドンを祀る神殿で、エーゲ海をバックに立っている。柱の数は十二本しかないが、碧《あお》い海を背景にした調和美はすばらしい。日本神話の須佐之《すさの》男命《おのみこと》は海原《うなばら》を支配する神だが、ポセイドンは海の守り神として信仰を集めていた。

スニオン岬にある海の神・ポセイドンを祀る神殿

もう一つ例を挙げよう。最初のオリンピックが行われたのは、紀元前七七六年、ゼウスとその妻ヘラの神殿があった所である。その神殿も今は廃虚となったが、そこではオリンピック恒例の聖火を点ずる儀式が行われている。聖火はランナーがリレーして、開会式場に入場することになる。

日本神話が現代に生きる奇蹟

歴史の古いギリシアだが、日本と対比してどう見たらよいのか。ギリシアでは、オリンポス山に住んでいた神々を、各地に神殿を作って祀っていた。神殿の数は全国で約二万あったというが、今はことごとく廃虚になっている。そればかりではない。祀っていた神像も、博物館や美術館のガラスケースの中に入れられ、信仰ではなく、鑑賞の対象になっている。このように、ギリシア人は祖先の神々を捨て、現在、国民の九七パーセントはギリシア正教（東ローマ時代のキリスト教）徒である。憲法でもギリシア正教を国教に定め、改宗を禁じている。

どうして彼らは祖先の神々を捨てるようになったのか。確かに、ギリシアは紀元前、栄光の時代を築いたが、その後国勢が衰え、「東ローマ帝国」に占領され、ビサンチン時代が長く続いた。一四五三年には、オスマン・トルコ（イスラム教）に占領され、神殿が破壊されて神像も持ち去られた。しかし、彼らが神話を捨てた原因は、そればかりではない。イギリスの歴史家A・トインビーは、その理由を『歴史の研究』の中で「オリンポスの神々の陽気な不品行に愛想をつかしたからだ」と言っている。確かに神話を読んでみれば、ゼウスは父を無間地獄に押し込めたり、異母弟同士が争い、人肉食さえも行う。近親憎悪のドロドロした争いは読むに耐えない。

それでは日本はどうか。高天原に住んでいた祖先の神々を神社に祀った。その数は八万社に及び、各家々でも神棚に祀っている。仏教の伝来があったが、用明《ようめい》天皇は「仏教を信《う》け給《たま》ひ、神道を尊び給《たも》ふた」（日本書紀）。十七条憲法でも「篤《あつ》く三宝（仏法僧）を敬ふ」とともに「詔《みことのり》を承《う》けては必ず謹《つつ》しめ」と示された。日本本来のものを見失うことなく、外来の宗教も取り入れ、そこに調和をもたらした。それに、日本神話は明るくて健康的である。高天原で太陽のように仰《あお》がれていた天照大神は女神で、ゼウスのように万能の神通力《じんつうりき》を発揮しない。須佐之男命の乱暴にあえば、天《あま》の岩屋《いわや》にこもって、天地が暗くなる。神々はあわててお出ましを願う祭りをする。日本神話には、力強い雄叫《おたけ》びとともに、奥ゆかしくて謙虚な人間のドラマがある。日本神話が、国体となって現代にまで継承されている姿は、世界の奇蹟なのである。

オリンピアにあるゼウスの妻ヘラの神殿跡

ギリシア神話の聖地において、聖火リレーのための点火セレモニーが行われる

歴史の蜃気楼が立ち昇る古都・エルサレム
——ユダヤの国体と日本の国体

世界で最も感動する古都

私は世界各地を取材旅行するので、よく「どこが一番感動したお勧めの場所か」と聞かれることがある。それに対して私は、躊躇《ちゅうちょ》することなくイスラエルに行くことを勧める。一般にギリシアまで行く人はあっても、イスラエルまで足を伸ばす人は少ない。紛争地という印象が強いためもあってか敬遠する。前項でも紹介したが、ギリシア文明といっても、実は悉《ことごと》く廃虚になっているのである。

しかし、そこから一〇〇〇キロ東に位置するイスラエルは違う。この国は二千年前に亡国となり、民族は四散した。各地で迫害を受け、苦難を強いられたが、民族の信仰のもとに団結を保ち、第二次大戦後に独立を果たした。これを世界史上の奇蹟と評する人は多い。

それに比べて極東には不甲斐《ふがい》ない国がある。一度の敗戦ですっかり自信を失い、過剰な反省と謝罪を続けている国である。イスラエルに比べて「雲泥《うんでい》の差」を感じる日本人は、私だけではないだろう。

そのイスラエルを象徴しているのが、首都エルサレムである。エルサレムを見渡せるオリーブ山に立てば、ひときわ目立つのが壮麗な黄金の玉葱型《たまねぎがた》円屋根《ドーム》である。これこそイスラム教の祖・マホメットが、白馬にまたがって昇天した場所といわれ、その横にエルアクサという回教三大寺院の一つ、銀色のドームが威容を誇っている。

この一帯が「神殿の丘」と呼ばれ、今から約三千年前、ユダヤ王国の基礎をつくったダビデが神への契約の箱を置

オリーブ山から眺めた古都エルサレム。そこにはユダヤ教、キリスト教、イスラム教の聖なる遺跡が連なっている

今から2000年前のエルサレム第二神殿の模型。イエス・キリストも何度か訪れていた

いた所で、その子ソロモンによってエルサレム神殿が建てられた。神殿は紀元前五八六年、バビロニアによって破壊されたが、その後「第二神殿」が再建され、イエス・キリストも何回か参拝した。やがて紀元後七〇年、ローマ軍によって第二神殿も破壊され、爾来《じらい》二千年に及ぶ民族の亡国と流浪《るろう》が続く。今、旧神殿の西側にわずかに残っているのが、「嘆《なげ》きの壁」である。夜ともなれば、壁に露が降りる。それはユダヤ人の嘆きの涙といわれ、この前で聖書を「読経」し、壁に口づけをする。

ソロモン時代の栄光をわずかに残す「嘆きの壁」(右側)と「黄金のドーム」、「ダビデの塔」

二千年間絶えることのなかった壁への信仰は、「日本人の伊勢信仰のようなもの」というユダヤ人もいる。もし、日本が亡国となり、伊勢神宮も破壊されたら、心ある日本人は五十鈴川《いすずがわ》のほとりにたたずんで涙し、みそぎをする人も出るであろう。

さらにオリーブ山から、右に目を移せば、イエスが十字架を背負わされて歩いた「悲しみの道」が続き、そのわきに「鞭《むち》打ちの教会」をはじめ、合計十三の教会が『新約聖書』の記述に従って建てられている。その最後にあるのが、十字架にかけられた場所に建てられた「聖墳墓教会」である。キリスト者にとって、最も厳粛な聖地である。

このようにエルサレムの台地には、ユダヤ教と、それから派生したキリスト教・イスラム教の聖地が混然と同居している。ところがこれらの宗教は、今も狭い地域で、互いに死力を尽して争っている。同じ根を持つ宗教同士がなぜ共存できないのか、日本人にはわからない。オリーブ山に立ったとき、これら三つの宗教の焔《ほのお》が、蜃気楼《しんきろう》のように立ち昇っていることを確認するのである。

イスラエルと日本の国体比較

昭和五十七年三月、私は私学協会から派遣されてヘブライ大学を訪問した。通訳は大学院生の毛利稔勝《もうりとしかつ》氏で、相当突っ込んだ話ができた。そのとき、私はイスラエルと日本の国体を比較して次の点を指摘した。

①イスラエルは歴史が古く、五千七百余年というユダヤ紀元を今も使

っている。それに死語となったヘブライ語を復活して公用語にした。さらにユダヤ教という民族信仰を固く護《まも》り、二千年間の亡国の中から不死鳥のように復活した。それに対して日本も原始の民族信仰（神道）を根底に置いて、仏教や儒教・道教等を受容し、そこに調和をもたらした。ここが今も宗教の対立抗争を続けているイスラエルと違う点だ。

②イスラエルの国章は「メノラー」だ。これはモーセが今から三千二百年ほど前、エジプトの奴隷《どれい》になっていた民族を率いて脱出したときに掲げた「七枝の燭台《しょくだい》」である。この燭台はのちにローマ軍によって持ち去られたが、その後はユダヤ民族の意志のシンボルとなり、ユダヤ芸術のモチーフとなった。国会議事堂前に建てられたメノラーを見ながら、日本の「三種の神器」を連想した。日本の神器は高天原にあった実物が、そのまま伊勢神宮や熱田神宮の御神体として祀られている。これは神宝だから、誰も見た者はいない。それに対してメノラーの実物はなくなったが、イミテーションを創《つく》り、そして「国章」として生かしている。

モーセが民族を率いてエジプトを脱出するときに掲げたメノラー（七枝の燭台）をアレンジしたものが国会議事堂前に置かれている

③ユダヤ民族は、父祖アブラハムから、モーセ、ダビデ、ソロモン、そして現代にまで繋《つな》がる歴史の系譜を至高《しこう》の価値としてきた。また、『新約聖書』の「マタイ伝」には、イエスの出自を明らかにしている。アブラハムからダビデ王まで十四代、ダビデからバビロン捕囚まで十四代、それからさらに十四代がイエスというように、神が天地を創造した「七」の倍数を使って、イエスはユダヤ王家の血統を引く尊貴の家柄であるとしている。それに対して日本では、アブラハムに当たるのが天照大神であり、モーセやダビデに当たるのが神武天皇である。この神武天皇を初代の天皇として、現在の天皇まで絶えることなく続いている。われわれはこれを「万世一系《ばんせいいっけい》」と言っているが、地上における唯一の例外の国であり、奇蹟と言う人もある。

高天原にあった「三種の神器」の実物が、今もなお御神体として祀られている伊勢神宮

私は以上の点を淡々と紹介した。ユダヤ人学者は、普段は倣岸《ごうがん》とも思われる態度でよく反駁《はんばく》してくるのだが、これらの指摘には、反論も質問もせず、握手を求めてきた。

中国を形成した精神的な伝統と日本国体

文天祥と藤田東湖の「正気之歌」

前項、前々項では、西欧文明の総本山ともいうべきギリシアとイスラエルの精神の源流について語り、日本との国体比較を試みた。すると読者※から「新鮮な驚きがあった」とか、「目から鱗《うろこ》が落ちた」などの感想をいただいた。続いて「東洋思想の源流ともいわれる中国の歴史・伝統と日本国体を対比してほしい」と要望された。そこで、紙数に限りがあるが、それに触れてみたい。

中国は広大な領土があり、歴史も古く五千年。そこで国家の隆替《りゅうたい》と分裂が続いた。面積はロシア本国を加えたヨーロッパ全土にほぼ等しい。ヨーロッパは三十九の独立国から成るが、今の中国は一つに統一されている。南宋の忠臣文天祥《ぶんてんしょう》（一二三六－八二）は、モンゴル軍によって捕えられたとき、獄中で「正気歌《せいきのうた》」を作った。この五言六十句の長詩の冒頭は、「天地ニ正気有リ、雑然トシテ流形ニ賦《フ》ス」となっている。中国に満ち満ちている「正気」は、雑然として色々の形になって表れている、という意味であろう。それに対して幕末日本の藤田東湖《とうこ》（一八〇六－五五）は、「文天祥ノ正氣之歌ニ和ス」（全部で五言七十四句）と題して、冒頭「天地正大ノ氣、粋然《スイゼン》トシテ神州ニ鍾《アツマ》ル」と歌っている。日本の正気は、万世一系の天皇を中心に、純粋な形で凝集されている、というのである。文天祥と藤田東湖は、両国の相違を見事に歌い上げているのである。

黄帝を祖とする中国

さて、古代から中国を考える場合には、キーワードがある。「黄帝《こうてい》」「黄河」「黄土」の三つだが、黄帝が中華民族の祖とされてきた。彼は、生まれたときから神智霊妙《しんちれいみょう》で聡明《そうめい》、長じて道路を造り、諸制度を定めた、とある（『史記』五帝本紀）。古くから黄帝の存在が信じられ、歴代の皇帝は即位するとき、「黄袍《こうほう》」（就任時着用する礼服、龍袍ともいう）を着て黄帝廟に参拝した。辛亥《しんがい》革命（一九一一年）のときには、年号を黄帝紀元四六〇

中華民族の祖とされる黄帝

※『れいろう』誌の読者を指す。

陝西省黄陵県にある
黄帝陵と清明節の様子

九年に定めた。毛沢東の時代になっても変わらず、江沢《こうたく》民《みん》も就任時に踏襲《とうしゅう》した。

黄帝陵には「参詣《さんけい》の心得」が書かれている。「漢民族の始祖である黄帝は、わが国五十六族、十二億人民の共通の祖先である。歴代の王朝はこれを誇りとして、年々祭典を挙行してきた。この伝統を守り伝えよ」と。毎年四月の清明節には、陝西《せんせい》省黄陵県にある黄帝陵をめざして、中国各地をはじめ国外からも集まってくる。中国国民にとって、黄帝は「天照大神」や「神武天皇」に当たる。

「万世一系」の孔子の直系

山東省に曲阜《きょくふ》という古都がある。孔子の故郷で、市民の五分の一は孔姓を持ち、孔子の子孫を自負する者が多い。この都市の中心に「孔廟」があり、日本式に呼べば「孔子神社」である。一番奥の「大成殿」に至るまで九つの門があり、その間に庭園が続く。広さ約七万坪。孔廟の中には樹木が繁《しげ》り、伊勢神宮には及ばないものの荘厳《そうごん》な雰囲気をかもし出す。歴代の皇帝は即位すると必ず参拝し、巨大な記念碑を建立してきた。孔子を否定したのは「焚書《ふんしょ》坑儒《こうじゅ》」の秦の始皇帝と、「批林批孔《ひりんひこう》」の文化大革命だけだった。

孔廟の東側には「孔府」があり、そこは直系の子孫が住む場所と、役所に分かれている。広さは五万坪で、四百余りの建物が並んでいる。日本でいえば、伊勢神宮の隣に皇居と宮内庁があるようなものである。孔徳成《こうとくせい》氏まで七十七代、まさに孔家も「万世一系」である。

曲阜の全貌と孔子を祀る大成殿

この孔廟から二キロ北に伸びているのが「神道」で、そこを通って「孔林」に至る。孔林は広さ六十万坪、そこには弟子たちが集めた樹木が二万本。孔子の墓を中心に一門の墓が一千基ある。孔子の墓は文化大革命期に紅衛兵が三つに破壊した。今は墓のつなぎ目がよくわかるが、元どおりに再建されている。

文化大革命で破壊された孔子のお墓も、現在は元どおり修復されている

泰山は道教の霊山

曲阜から北へ八〇キロ行くと、中国五大名山の随一に数えられる泰山《たいざん》がある。海抜一五二四メートル、「動かざること泰山のごとし」

泰山の登山道と岱廟

で、日本人にも知られた霊山である。始皇帝以来、歴代の皇帝は、即位を天に報告すべく、山頂に登って「封禅《ほうぜん》の儀」を行った。

「封禅」とは、天の神と地の神に祈る儀式で、始皇帝が自分自身で定めた。それ以来歴代皇帝は泰山に登頂し、国家の安泰と永続を祈った。皇帝たちはそのことを石に彫り込むことを慣例とした。また、山頂には、老子の母を祀る碧霞祠《へきかし》があり、道教の霊山ともなった。

なお、山麓《さんろく》には、登頂できない場合に備えて「岱《だい》廟」がある。この廟は北京の「故宮」、曲阜の「大成殿」と並ぶ中国の三大宮殿建築に数えられている。そして明代になると、北京に「天壇」を作り、皇帝はそこで天に祈ったのである。

ここに書いたように、中国では皇帝に即位するとき、天と一体になる儀式、すなわち「封禅の儀」を泰山で行った。日本では陛下が即位されるとき、天照大神と一体となられる儀式、すなわち「大嘗祭」が行われる。中国ではすたれたが、わが国では今上《きんじょう》天皇御即位のときも厳修《ごんしゅ》されたのである。

「天壇」と「宮中三殿」

明の永楽帝《えいらくてい》は、いちいち泰山へお参りするわけにいかず、一四二〇年に北京に天壇を建立した。全体が前方後円の天地を制する形で、南から祈念殿《きねんでん》（三階建・皇帝が豊年祈願をする）、皇穹宇《こうきゅうう》（歴代皇帝の位牌が置かれている）、圜丘《えんきゅう》（冬至に皇帝が天に祈る所で三層の円壇がある。祭天台とも呼ばれる）と続く。天壇全体の面積は故宮の二倍の広さで周囲は約五キロメートル。今は祭典は行われず、観光名所になっていて「天壇公園」と呼ばれている。私はこの公園を歩きながら、規模は違うが、今も尊貴な信仰の対象になっている皇居内の宮中三殿を想起した。三殿の中央に、天照大神を祀る「賢所《かしこどころ》」があり、その両側に歴代天皇を祀る「皇霊殿《こうれいでん》」と天神地祇《てんじんちぎ》を祀る「神殿《しんでん》」が鎮座まします。ギリシアと同様に、中国でも古代からの儀式は断絶され、建造物は公園として観光資源になっている。こうした中で、宮中三殿が信仰の殿堂として受け継がれ、その祈念の儀式が継承されている事実は、まさに奇跡と言えよう。

天壇公園に残る祈念殿と皇穹宇

北朝鮮・韓国の国体と日本国体

―― 南北統一の原点と東アジア安定への道

万寿台の金日成像

私は、五年間のソ連抑留《よくりゅう》を体験しているので、帰国後も体制の違う国を取材することに関心と興味を持ってきた。特にソ連はよく旅したものだ。私の長男がモスクワ特派員をしていたころに、ソ連が崩壊してロシアに回帰した。その姿を目撃できたことは、何よりもありがたかった。また、中国が文化大革命で全国土が狂気の集団と化したときも出かけて行って、その様子を現地で確認した。

北朝鮮も早く見ておかねば崩壊すると思って、平成十三年九月に八日間の予定で出かけた。一行十三名による視察旅行だったが、常に二人のガイドが案内して、自由行動を制約した。

平壌《へいじょう》に着くと、ガイドが最初に案内する所が、万寿台《まんじゅだい》という高台である。この高台には、高句麗《こうくり》時代「平壌城」が建ち、日本統治時代には「平壌神社」が創建されていた。眼下に大同江《だいどうこう》という川と平壌市街が一望できる絶好の場所である。そこに高さ二八メートルの金日成の銅像が建っている。彼が死亡したときには、多くの国民がこの像の前に集まり、号泣《ごうきゅう》と慟哭《どうこく》を繰り返していた。この模様を日本のテレビ局が放映し、われわれ日本人は異様とも思われる嘆きぶりに驚いたものである。

日本の政治家も、訪朝すると最初にこの高台に案内されて、花束を捧げる。私たちもガイドが要請するままに七百円を払い、花束を供えた。聞けば正月元日には、零下一五度から二〇度の中を、重病人を除いて市民全員が参拝するという。金日成は、正月三が日に初詣《はつもうで》をする「氏神様《うじがみ》」ではないのか。

金日成像が建てられたのは、一九七二年四月で、彼が六十歳のときである。死亡したのが一九九四年だから、二十二年間、生きながら神のごとく仰がれた。独裁者の常で、彼

万寿台にある金日成像
バックにある壁画が民族と革命の聖地・白頭山

も「自己神化教」の教祖に取り憑《つ》かれていたのであろうか。

檀君神話と革命の聖地

白頭山の頂上には神秘的な天池がある

金日成像の背後に描かれているのが、白頭山《はくとうさん》の壁画である。壁画の高さは一二メートル、幅は七〇メートルにも及ぶ。白頭山は、中国との国境を走る長白山脈の最高峰で、標高二七四四メートル。朝鮮民族発祥の聖地とされ、今から五千年前（韓国では西暦紀元前二三三三年とされる）、天帝（桓因《かんいん》）の子（桓雄《かんゆう》）が、「天符印三個」（日本でいえば「三種の神器」）を持ち、三千人の部下を率いて天降《あまくだ》った（十三世紀に僧一念がまとめた『三国遺事』）とされる場所である。白頭山は日本でいえば、「神々の住んでいた高天原」と「三種の神器を持って降臨した高千穂《たかちほ》の峯《みね》」をいっしょにしたようなものである。

北朝鮮は、この民族の聖地白頭山を革命の聖地にもしている。日本統治時代に、金日成はその山麓《さんろく》に秘密の兵営を造っていた、として八か所に営舎が建てられている。さらに一九四二年（昭和十七年）に金正日が生まれたという丸太小屋も造られ、「聖地巡礼コース」に組み込まれている。

白頭山麓一帯が巡礼コースになっている

はたしてこれらは本当の話なのか。私は昭和十九年から、朝鮮軍の平壌師団に所属していた。白頭山に近い羅南には、第十九師団があった。もしそのころ密営が八か所もあったら、帝国陸軍が直ちに襲撃していたであろう。

これらが架空であることは、戦前抗日ゲリラとして金日成と共に満洲で戦い、のちにソ連に亡命した戦友たちの証言からもわかる。

①抗日ゲリラは、当時満洲で戦う力を失い、昭和十五年ごろからソ連に亡命した。ソ連ではハバロフスクの北部七〇キロにあるビアク村で、二万人規模の特別旅団を編成し、金日成は大隊長（階級はソ連軍の大尉）だった。

②金日成の妻・金正淑は、一九四二年二月十六日に正日を産んだが、難産で苦しんだ。医者にもかからずワーリアという老婆が取り上げたといわれている。しかし、ワーリアは獣医として働いたことはあったが、産婆の免状は持っていなかったとか。

金正日が生まれたといわれる丸太小屋

北の「檀君陵」と南の「檀君聖殿」

さらに付け加えれば、現在平壌郊外に壮大な「檀君陵《だんくんりょう》」が建てられている。檀君は桓雄の子で、平壌に都を開いた。日本でいえば「神武天皇」にあたる。その檀君夫妻の骨が、一九九三年に発見されたという。電子常磁性共鳴法での年代測定によって、五千十一年前の骨だと判明した。金日成の指示で遺骨を納める陵が創建され、翌年除幕された。十五万坪に及ぶ広大なもので、除幕式には南の檀君教の信徒たちも多数参加した。

そもそも檀君を始祖とする信仰は、南のほうが根強いともいえる。韓国の教育基本法が記す教育の目的は「弘益《こうえき》人間」の養成である。「弘ク人間ヲ益スル」というのが、檀君の遺訓であり、建国の理想なのである。韓国では十月三日がいわゆる「建国記念の日」であり、「開天節」と称して、「四大節」の一つに定めている。韓国各地に檀君を祀る「聖殿」があり、その数は七十か所に及ぶ。

檀君陵に参拝する群衆

檀君陵完成時に集まった群集

ここまで書いて、北朝鮮から買って帰った『朝鮮の始祖檀君』（一九九四年刊）を開いた。その中に、最高人民会議における檀君の報告書が掲載されている。その一節には――

「檀君を始祖とする朝鮮民族が、五千年の悠久な歴史的期間、ひとつの血筋、ひとつの言語、ひとつの文化伝統を引き継いで強く生きてきた事実は、七千万の同胞が、北にいようと、南にいようと、海外にいようと、政見と信教、財産に関係なく、民族分断の悲劇に終止符を打ち、祖国統一の正義の戦に力強く立ちあがるよう励ましている」とある。

やがて南北が統一する時が来よう。そのとき、南と北が主導権をめぐって争えば、悲劇は底知れぬものになる。そうではなく、民族の始祖檀君に回帰すれば、日本の国体とも共通の場が開け、東アジア安定の契機になるであろう。

韓国にある「檀君聖殿」（上）とその内部（下）

韓国に造成された高天原故地

――天照大神も素戔嗚尊も韓国人という欺瞞《ぎまん》

日本と韓国の建国神話

前項では、北朝鮮に創建された壮大な「檀君陵」と、韓国各地に建立されている「檀君聖殿」を紹介した。すると読者の方※1から「高千穂の峯に『天孫降臨』した日本の建国神話と、白頭山に降臨した桓雄の子『檀君』にまつわる建国神話には、共通性があるようだ。そのあたりをもう少し詳しく解説してもらえないか」と依頼された。両者はよく似た点があるので表示してみた。この日韓神話比較表について最初に補足しておきたい。

①檀君紀元は、西暦より二三三三年古くて、今年※2が四三三八年ということになる。彼らは、半万年の歴史を誇り、神武紀元の倍の古さだと自慢する。しかし、『古事記』が書かれたのは七一二年、『日本書紀』は七二〇年だ。それに対して韓国の『三国遺事』はそれより五百年後の十三世紀初頭にまとめられた。

②『三国遺事』には、三千人の部下を率い、「天符印三個」を持って白頭山に天降ったことになっているが、この三個とは何と何であり、今どこにあるのか。それに対して、高千穂の峯には高天原から三種の神器（鏡と玉と剣）を持って天降った。この三種の神器は、天皇の地位を現するしとなり、鏡は伊勢神宮のご神体、

●日韓神話比較表

	日本	韓国
遠祖	高天原 天照大神 （太陽の女神）	天神 桓因
降臨	高千穂の峯 ニニギノミコト 三種の神器	白頭山 桓雄 天符印三個
開国	橿原宮 神武天皇 八紘為宇 B.C.六六〇年	平壌 檀君王倹 弘益人間 B.C.二三三三年
記録文献	古事記 （七一二年・太安万侶） 日本書紀 （七二〇年・舎人親王）	三国遺事 （一二〇六―八九・ 高麗僧・一念）
記念日	二月十一日 建国記念の日 （紀元節）	十月三日 開天節

※1『れいろう』誌の読者を指す。　※2『れいろう』連載当時の平成17年。

剣は熱田神宮のご神体として奉斎され、今も信仰の対象となっている。③檀君王朝は四十七代、千五百年で断絶したことになっているが（これも実証性・記録性に乏しい）、日本の天皇朝は、高天原の天照大神から受け継がれた血統と三種の神器が、現在にまで続いている。これは地上における唯一の例外の国と評価する人は多い。

韓国に造られた高天原

日本が敗戦した翌年の三月、アメリカから教育使節団が来日した。彼らは日本の教育内容を調べて、「客観的歴史と神話を分離させること、神話は外国の神話と共に文字として保存すること」を指導した。それ以来、日本は自国の建国神話を教えず、それに代わるものとして中国の古代史である『魏志倭人伝《ぎしわじんでん》』の邪馬台国《やまたいこく》・卑弥呼《ひみこ》を教え、考古学の研究成果ばかりが強調されるようになった。

紅箭門（韓国式鳥居）をくぐれば高天原広場に出る

高天原広場。向いの山には加耶王陵が連なる

記紀（『古事記』と『日本書紀』）に書かれた神話の世界は、そのまま実証できない部分があるが、われわれの父祖の精神を形成した伝承として、貴重な文献といわねばならない。それを教えないものだから、高天原も天孫降臨も高千穂の峯も知らず、天照大神や神武天皇のような国家形成の主役となった伝承も知らない人が多くなってしまった。

ところが、ここに驚くべきことが起こった。平成十一年一月、韓国の慶尚北道高霊邑《むら》に、広さ五万坪の「高天原故地」が造成せられたのだ。多くの韓国人には、〝常に日本人の優位に立ちたい〟という意識がある。それに対して日本では、高天原が国民意識から失せてしまった。その間隙《かんげき》を縫《ぬ》って、韓国は高天原を造成したのではないか。私はそう理解して現地を訪ね、造成者の加耶《かや》大学校総長・李慶熙博士（経済学）の『高天原の考古学的証明』という著書も読んだし、話も聞いた。

高天原公園の中央に建つ「高天原故地」の標識碑と筆者

李氏は記紀をよく読んでおられるが、都合のよい所をつなぎ合わせて、高天原は高霊邑にあったと主張してやまない。現地には、「高天原居住神之系譜」という碑が建っている。この碑によれ

「高天原居住神之系譜」の碑（右は同行の金 東極氏）

ば、高天原に住んでいた神々は、すべて韓国人である。その中から日本に天降った神々は、よくわかるように、枠で囲んでいる。さらに注目させられるのは、李総長作の「高天原」と題する巨大な詩碑である。そこにはハングルと日本文が刻まれ、日本文は次のようである。

昔此《こ》の地を高天原と呼んだ
山や川、土と石は皆昔のままだ
此處《ここ》に数知れぬ多くの人々が生まれ、働いて子を生み育て、老いては
この地に埋もれた
見よ、向いの山の加耶王陵を
昔この地の人達は、遥《はる》か遠くアルタイの流れを汲《く》み、その人々の子や子孫は、あるいはこの地を開き、あるいは半島の南に加耶の国々を造り、さらには海を渡って今日の日本を築いた
この聖なる高霊の地に生れたわらべらよ
加耶の清らかな水を飲んですなおに育ち
永らくこの地を愛し、さらに広い世界へ
羽ばたいて行こうではないか

気宇壮大なロマンではないか。われわれの祖先は、遠くアルタイの地からこの地に移り住み、加耶の国々を創建し、さらに海を渡って今日の日本を築いた、というのである。

李慶熙氏の「高天原」と題する詩碑（左は同行の小林春樹氏）

私はこのスケールの大きい李総長の夢にケチをつけるつもりはない。しかし、資料的文献の裏づけが欲しいのである。例えば、天照大神も素戔嗚尊《すさのおのみこと》も韓国人と強調されるが、記紀によれば、これらの神々は「筑紫《つくし》の日向《ひむか》の橘《たちばな》の小《お》門《ど》の阿波岐原《あはきはら》」で生まれたと書かれている。確かに記紀の時代には、日韓の交流はあった。例えば、「任那《みまな》」の語は、合計百か所も出てくる。ところが、日本の記紀や風土記にも、そして韓国の『三国遺事』や『三国史記』、さらに国ごとにまとめられた高句麗《こうくり》、百済《くだら》、新羅《しらぎ》、駕洛《から》等の神話を調べても、高天原が朝鮮半島の一角にあったとも、そしてそこから日本に天降って日本を造ったとも、書かれていない。

そもそも高天原の場所は特定されていないし、日本人にとっては心の故郷である。その高天原が韓国にあり、そこから日本に渡って日本を造ったという発想は珍奇で、韓国人にとってはおもしろい話である。しかし文献的裏づけが皆無では、説得力がないのである。

大日本帝国とアメリカ合衆国
——明治維新と南北戦争に見る日米国体比較

アメリカの国体を体現した人工の都市

私は平成十年、アメリカの首都・ワシントンDCに一週間ばかり滞在したことがある。ちょうど四月の上旬で、明治四十五年に、隅田川畔から贈られた桜が満開であった。そのため、ポトマック川畔も市内も盛大な桜祭り（National Cherry Blossom Festival）が催されていた。

ワシントンDCは、南北戦争後に完成した人工の都市である。連邦議会議事堂のある高台から市内を見渡すと、アメリカ合衆国の「国体」が、生きた姿として目に入ってくる。国家形成の原形を、こんなにわかりやすく示している例は、ほかにはないのではないか。

桜祭りのにぎわい

この首都の中央に高くそびえるのが、ワシントン記念塔である。ワシントンは、初代の大統領で建国の父と仰がれている。塔の高さは一七〇メートル。市内のどこからでも見えるように、他の建物の高さは二七メートル以下に制限されている。石造としては世界一の高さを誇り、材料となった石は世界各国からも寄贈された。

この記念塔から西へ約一キロ行くと、巨大なリンカーン記念堂がある。リンカーンは、第十六代の大統領で、南北戦争に勝利した直後に暗殺された。彼は奴隷解放を訴え、アメリカにとって中興の英主として尊敬されている。彼の有名なゲティスバーグ演説は、かつて日本人が教育勅語を暗唱していたように、アメリカ人に暗

連邦議会議事堂からワシントン記念塔を眺む

リンカーン記念堂

唱されている。そのリンカーン記念堂からポトマック川に架かる橋を渡れば、国立アーリントン墓地に至る。墓地の広さは二五〇万平方メートルで、靖國神社の二十五倍の広さを持っている。ここには戦死者ばかりでなく、国家に勲功のあった英雄も祀られている。

有名なアメリカの国防総省（五角形の建物を持つペンタゴン）は、アーリントン墓地に連なった場所に建てられている。英霊の遺志を受け継いで国防の任に当たる、という意味が込められているのである。

三種の宝典と三種の神器

目を再びワシントン記念塔に移そう。そこから北に目をやれば、一キロほどの場所に大統領官邸（通称・ホワイトハウス）がある。そこから南に一キロ行けば、ジェファソン記念堂がある。ジェファソンは第三代の大統領で、独立宣言の起草者の一人であり、アメリカ民主主義の父と呼ばれている。

そしてもう一つ見落とせないものがある。ワシントン記念塔から北東五〇〇メートルの所に国立古文書館がある。その館内正面の祭壇のケースの中には、合衆国の至宝ともいうべき三種の宝典がある。その三点とは、①一七七六年七月四日に発せられた「独立宣言書」の原文、②独立戦争後の一八八七年に制定された「合衆国憲法」の原文、③憲法に対して最初に修正された「権利章典」計十条の原文、である。

以上三点は、「自由の憲章」と呼ばれ、羊皮紙に書かれているので防腐のためにヘリウムガスで満たされている。この三宝典見学は、修学旅行の必修コースになっている。これを大日本帝国で例えれば、「五箇条の御誓文」と「帝国憲法」と「教育勅語」に当たろうか。

しかし日本には、ここに挙げた三つの聖典よりももっと尊貴な神宝がある。「三種の神器」といって神代の昔から相続されたもので、皇位を表するしとして、八咫鏡《やたのかがみ》は伊勢神宮、草薙剣《くさなぎのつるぎ》は熱田神宮の御神体となっている。神器なるゆえに、誰も目にした者はいない。

国立古文書館の外観（上）

「自由の憲章」が収められている館内の祭壇（右下）

羊皮紙に書かれた最古の憲法（左下）

ワシントンDCに見る日米国体比較

歴代のアメリカ大統領は、高台にある連邦議会議事堂をバックにして就任式を行う。新大統領は、初代大統領のワシントン愛用の聖書に手を置いて誓いを述べ、就任演説に移る。そのとき眼前には、ワシントンDCの全景が展開している。ワシントン記念塔を中心に、南北にジェファソン記念堂とホワイトハウス、東西に連邦議会議事堂と

大統領就任式の様子

リンカーン記念堂、これが十字に交わっている。まさに「十字架上のワシントン」である。そしてポトマック川を挟《はさ》んで南方に国立アーリントン墓地と国防総省が連なり、記念塔のそばに三種の宝典を安置する国立古文書館がある。これら歴史のエキスを眺めながら語る大統領の就任演説の格調が高いのも、むべなるかな、である。

私も連邦議会議事堂のバルコニーから、ワシントンDCの全景を眺めて感慨を覚えた。それは、アメリカ合衆国と大日本帝国との近似性についてであった。アメリカが南北戦争を終えて、アメリカ合衆国としての体裁を整えたのと、明治維新に成功して、大日本帝国の体制を整えたのと、ほぼ同時といえよう。明治維新は、「諸事神武創業の始に厚《もと》」づくという王政復古の大号令がくだり、建国の祖を初代の神武天皇に仰いだ。それと同じようにアメリカは、建国の父として初代大統領ワシントンを仰いだ。明治天皇が中興の英主であられたように、アメリカではリンカーンがいた。仏教を取り入れて日本文化創業の偉人として仰がれているのが聖徳太子だとすれば、アメリカ民主主義の父と親しまれているのが、ジェファソンであった。そして靖國神社に当たるのが、アーリントン国立墓地である。

日本の場合は歴史が古く、アメリカとは比較にならない。それだけに国家形成の諸要素が各地に存在していて、アメリカの首都のように一か所にまとめることができない。また日米の政体を比べれば、天皇を中心とする議院内閣制と、国家元首を選挙で選ぶ大統領制のような相違がある。しかし、国家を形成する諸条件（国体）には共通性があることを改めて感じたのである。

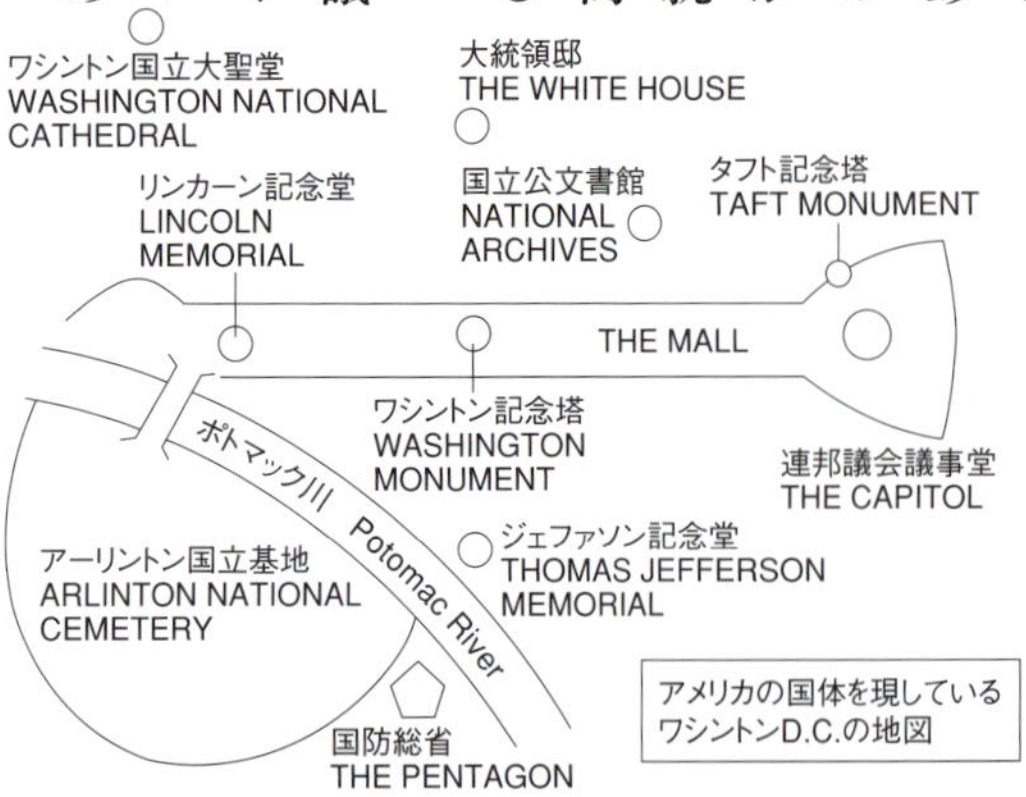

（『昭和の戦争記念館・第３巻・大東亜戦争の秘話』展転社より）

●日米国体比較表

	アメリカの国体顕現	日本の国体顕現
国民信仰の中心	ワシントン国立大聖堂 宗教を超えた国民的殿堂	伊勢神宮 民族の祖先神　天照大神
建国の父	ワシントン記念塔 ワシントン大統領（初代）	橿原神宮 神武天皇（初代）
文化創業の偉人	ジェファソン記念堂 ジェファソン大統領（第3代） アメリカ民主主義の父	法隆寺 聖徳太子 日本文化創業の偉人
中興の英主	リンカーン記念堂 リンカーン大統領（第16代）	明治神宮 明治天皇（第122代）
三種の神器・宝典	三種の宝典（国立古文書館） ① 独立宣言書 ② 合衆国憲法 ③ 権利章典	三種の神器 ① 八咫鏡 ② 草薙剣 ③ 八尺瓊勾玉 三種の宝典 ① 五箇条の御誓文 ② 帝国憲法 ③ 教育勅語

世界宗教サミットの提唱
——靖國神社とアーリントン墓地から

アーリントン墓地は無宗教か

平成十三年六月、田中真紀子外務大臣（当時）は、就任早々訪米し、アーリントン国立墓地に参拝した。帰国すると「日本も靖國神社とは別にアーリントン墓地のような無宗教の国立追悼《ついとう》墓地を造ったらよい。場所としては新宿御苑あたりはどうか」と述べていた。公明党の冬柴幹事長も、同感の意を表して無宗教施設を強調した。

　私もアーリントン墓地に参ったことがあるが、第一この墓地は「無宗教」ではない。墓地の入り口には大きな掲示板がある。そこには、「アーリントン墓地へようこそ。この地はわが国で最も神聖なる寺院である。参拝者は常に気品と尊敬の念をもってみずからを律してもらいたい。そしてくれぐれも聖なる場所であることを忘れないように」（写真参照）と書かれている。

アーリントン墓地の入り口の掲示板

西南の高台にある無名戦士の墓。常に陸軍兵士が衛兵に立つ

　そして墓地を見はらす西南の高台には、真っ白い大理石の墓石がある。そこに第一次、第二次世界大戦、朝鮮戦争、そしてベトナム戦争で戦死した身元不明の四人の遺体が埋葬され、墓石の裏には「〝Here rests in honored glory an American Soldier known but to God〟神のみぞ知るアメリカ兵士の栄光ここに眠る」と刻まれている。

　そしてこのアーリントン国立墓地には、宗教施設がもう一つある。それは墓地の高台に建つ円型の野外教会堂である。この教会堂は五千人を収容でき、年三回、三軍の長や大統領列席のもとに盛大な慰霊祭が挙行される。式典は従軍牧師が主催し、賛美歌も歌われる。

このように、アーリントン墓地は無宗教の施設ではない。ゴッド（キリスト教・ユダヤ教）で祭祀を行うシュライン（寺院）なのである。靖國神社も対外的には、ヤスクニ・シュラインと呼ばれる。

国立墓地か霊魂祭祀か

国に殉《じゅん》じた人々を祀るために、国立の墓地を造っている国は多い。国立墓地の場合は、国家が遺骨を引き取るから、広大な土地が必要となる。そのため墓地も分散する。アメリカの場合、第一次大戦の戦死者三万余柱を、ヨーロッパの八か所に分散して国立墓地を造っている。第二次大戦の場合、戦死者九十三万余柱を世界各国十四か所に墓地を造成している。アーリントン墓地で言えば、二十三万余の墓を靖國神社の二十五倍の広さの場所に造成している。そのため狭くて困っている。

ついでに言えば、イギリスは第一次・第二次両大戦の戦死者が百七十万柱、墓の存在は百四十七か所（日本には横浜の狩場町に英軍墓地がある）に及ぶ。韓国も米・英方式だから、ソウルの国立墓地が狭くなり、最近大田市に百万坪の土地を造成した。

それに対して日本の場合、遺体は国

高台にある野外教会堂

アーリントン国立墓地。戦死者だけでなく、ケネディ大統領など国民的英雄の墓もある

●日米戦没者慰霊一覧表

	日本		アメリカ
	靖國神社	千鳥ヶ淵戦没者墓苑	アーリントン国立墓地
御祭神	明治維新から大東亜戦争に至るすべての戦没者。台湾・朝鮮の戦没者約5万柱を含む	昭和28年から激戦地の遺骨収集を始め、氏名の判明しなかった無名の戦没者	1775年の独立戦争から最近の湾岸戦争に至る戦没者のみならず、国民的英雄を祀る
祭神者数	246万余柱	34万余柱	23万余柱
祭祀形式	民族固有の神道形式。創建当時から敗戦まで国家護持されていたが、敗戦後は宗教法人	特定の宗教様式でなく、六角堂の地下に納骨。国家管理	全体を代表する形で作られた無名戦士の墓には、ゴッドへの帰依が刻まれている
面積	約10万平方メートル	約1.5万平方メートル	約250万平方メートル
備考	別に道府県ごとに護國神社が建立され、地域出身の戦没者を祀っている	昭和12年8月から大東亜戦争に至る戦没者（氏名が判らず、引き取り手のない）の遺骨奉安所	その他、ハワイのパンチボール、ロサンゼルス、アナポリス等計22か所に戦没者国立墓地がある

が取り上げず遺族に返還し、その家の祖先と共に祀る。そして、国としては、すべての戦死者の霊を「靖國神社」に合祀《ごうし》し、地方では、多くの場合、道府県単位に「護國神社」に合祀する。そして引き取る人のいない無名の人の遺骨は、千鳥ヶ淵墓苑に納める。この日本の方式が最も自然で国民の意識に添っているのではないか（日米戦没者慰霊一覧表参照）。

英霊が鎮まる靖國神社（靖國神社所蔵）

千鳥ヶ淵戦没者墓苑
地下に納骨された遺骨数は全戦没者の16%に及ぶ

欧米人による靖國理解度

そしてもう一つ。日本に在住している欧米人がよく口にすることがある。

①日本に住んでいると、シントー・イストになってしまう。キリスト教徒は日曜日には教会に行き、牧師の前で懺悔《ざんげ》しなければならない。これが苦痛だ。その点、神道はよい。御参《おまい》りして拍手《かしわで》を打てば、それでさっぱりする。それに神主さんはお説教をしないからよい。

②日本人の家には、国の祖先を祀る神棚と、家の祖先を祀る仏壇がある。それに十二月ともなればクリスマスツリーが飾られ、ジングルベルが鳴り始める。二十五日になればケーキを食べて「きよしこの夜」を歌う。その後一週間もたてば除夜の鐘とともに明治神宮に参拝して、その足で川崎大師、成田不動尊、浅草寺から靖國神社、それに地元の氏神様というように、初詣に忙しい。世界で最も宗教に対して寛容で、いろいろの宗教と同居し調和する能力を身につけている。これが日本的個性だ。

③日本人はどうして靖國論争に巻き込まれるのか。靖國神社は、世界のどこにもない日本の伝統的信仰で祀っているから、すばらしいのだ。世界各国は、伝統的信仰の原点を見失っている。そのため味気ない宗教上の論争が絶えないし、宗教論争が今も続いている。そもそも他の宗教と喧嘩《けんか》する宗教は、偏狭なる邪教ではないか。邪教ばやりの世界に向かって、日本人の汎神的宗教観を発信せよ。

④現在の世界は、経済サミットや政治サミットで忙しい。神社本庁あたりから世界に向けて「宗教サミット」を呼びかけたらどうか。新・旧のキリスト教・イスラム教（シーア派・スンニー派）、ユダヤ教、ヒンズー教、仏教等の代表者に集まってもらって、宗教や信仰の原点は何か、相互理解を促《うなが》すべきではないか。

緑の連隊長の慰霊植樹

——キール軍港メモリアルと靖國の銀杏

吉松喜三大佐の沈黙の行

私が東京に住むようになった昭和五十三年のことである。横浜で宮司をしている、自衛隊の元陸佐の関正臣《せきまさおみ》さんから次のように頼まれた。

「靖國神社に奇特《きとく》な方がいるのを知っているか。吉松喜三《よしまつきぞう》さんといってな、かつての戦車連隊長で陸軍大佐だ。氏は靖國神社の銀杏《いちょう》の種を神社の片隅に植え、苗木を育てて、それを配布している。かつての陸軍大佐が行う〝沈黙の行《ぎょう》〟だ。その動機などについては御本人に聞いても、何も言われない。名越さんに取材してもらいたい」

吉松さんらが育てた苗木は15種類にのぼる

靖國神社の空き地に植えられた銀杏の苗木

私もこのような方に、ぜひ会ってみたくなった。その年の夏、靖國神社を訪ねて、吉松さんを捜した。遊就館前の板塀の陰《かげ》に吉松さんを見つけた。私が近づいてあれこれ話しかけると、八十歳を過ぎた老人は、質問をさえぎるように手をかざして、「もうお許しください」と言うだけである。元軍人の中には、自己宣伝を嫌う人が多い。軍人は行動の中にすべてがあるとして、遺書さえも書かずに出征し、戦死した人を私は知っている。

私は、それ以上お尋ねすることをやめた。その後、靖國神社に参拝したときには、遠目に吉松さんを見つけて、その後ろ姿に合掌していたものである。

支那事変中の慰霊植樹

その吉松さんは、昭和六十年六月二十六日、九十歳の高齢で亡《な》くなられた。私は何人かの友人と、中野にあるご自宅を訪ね、未亡人のウメオさんや長女のヒサ子さんに挨拶し、仏壇も拝ませてもらった。

フランス留学中の吉松中尉（右から2人目）

未亡人はわれわれを別室に通して、そこに積まれた段ボールの箱を前にして次のように言われた。

「この箱の中には、日本国内のみならず、世界各国から送られた反響の手紙が詰まっている。整理してもらえないだろうか」

そして吉松さんの一代を語り始めた。

吉松さんは明治二十七年、佐賀県で生まれた。陸軍士官学校（二十九期）から、高知の連隊に配属されたが、昭和三年には機械化部隊の先進国であるフランスに留学し、二年にわたって戦車戦術を学んだ。やがて支那《しな》事変が勃発《ぼっぱつ》し、戦車連隊が編成されることになった。吉松中佐は、最初の連隊長として中支に派遣された（昭和十四年）。

翌年、吉松中佐は重傷を負い、入院加療する身となった。野戦病院はキリスト教会を利用したもので、毎日のように賛美歌を聞き、緑の木陰《こかげ》を散策する尼僧の姿を見た。そのとき、彼の心を突き動かしたものがあった。

「緑は人の心を安らかにする。私は幸いにも生き残ることができた。われわれは聖戦と思って戦っているが、建設を伴わない戦争がどうして聖戦と言えようか。見渡したところ、中国大陸にはハゲ山が多く、緑が少ない。これからは戦死者の数だけ樹《き》を植えるのだ。戦死者には敵も味方もないから」

退院した吉松連隊長は、戦闘の合間を見つけては慰霊植樹に取り組んだ。植樹が終わると、「弔日支両軍陣歿勇士之霊・興亜祈念樹」と墓標に刻み、敵味方双方の戦死者を弔《とむら》った。

吉松連隊は事変中、中支の武昌《ぶしょう》、漢《かん》口《こう》、そして北支の鄭州《ていしゅう》、洛陽《らくよう》、さらに蒙古《もうこ》の包頭《ほうとう》にまで転戦した。連隊がこぞって植樹に取り組むのではかどった。そのため中国大陸で植樹総数は四百万本にも及んだという。現地でも吉松連隊長を「緑の連隊長」と呼ぶようになった。吉松連隊が行ったのは植樹だけではなかった。各地にある孔子廟の修復や、道路、橋などの修理も行った。そのため、終戦後帰国するときには、吉松大佐の熱意ある奉仕活動に感謝した敵将の劉峙《りゅうじ》上将から、帰国の安全を保証する通行証が贈られた。

慰霊植樹後、墓標を見守る吉松連隊長

靖國植樹はキール軍港に開花

終戦後も、吉松さんは慰霊植樹のことが忘れられなかった。秋になると靖國の銀杏の実を拾って持ち帰り、中野の自宅菜園で苗木を育てた。それを靖

苗木を育てる吉松さん

國神社の神門のそばへ黙って置いていた。誰かが持って帰れば、慰霊になると信じていた。それを神社が気づいて、空き地を提供するようになった。

　昭和四十年三月二十四日のことである。西ドイツ海軍の練習艦隊五十数人が靖國神社に参拝した。そのとき神社は、吉松さんの銀杏の苗木三本を贈呈した。するとドイツ海軍は、苗木三本を、本国のキール軍港メモリアル（慰霊堂）に空路で直送した。

　キール軍港は、日本海軍の戦死者のことを忘れてはいなかったのだ。それは大戦中、日本海軍がドイツ潜水艦（Uボート）を受領して帰国する途中のことであった。昭和十九年五月十三日、アフリカの西海域にさしかかったとき、米駆逐《くちく》艦に撃破された。そのため乗田《のりた》貞敏《さだとし》艦長以下五十四名が戦死した。Uボートも遺体も揚がっていない。キール軍港としては、靖國の銀杏を植えるとともに、日本海軍の戦死者を慰霊堂に合祀したかった。

　昭和四十年七月二日、キール軍港は駐独日本大使等を招き、聖堂で厳粛な合祀式を挙行した。そのときドイツ軍楽隊が演奏した曲は「戦友」であった。その後、戸外で靖國の銀杏の植樹祭が行われた。そのときは、「行進曲・軍艦」が演奏された。

靖國の英霊に花束を捧げる西独士官候補生（靖國神社所蔵）

昭和40年、キール軍港で行われた合祀式

ドイツからの返礼

　昭和四十五年一月十二日、ドイツ空軍総監ヨハネス・シュタインホフ中将が、ドイツ樫《かし》の苗木三本を持参して靖國神社に参拝した。樫の木はドイツのシンボルであり、五年前の銀杏に対する返礼であった。樫の木は、神官のお祓《はら》いを受け、靖國会館の傍らに植えられ、今は見事に成長している。

　吉松さんの慰霊植樹に協力する人はしだいに増え、靖國植樹だけでも百六十万本を超えるといわれる。ここではキール軍港の例を紹介したが、その他にもいかに多くの外国人にも感動を与えたことか。こういう「沈黙の行」こそ、「国民栄誉賞」に値《あたい》するのではないか。

晩年の吉松さん

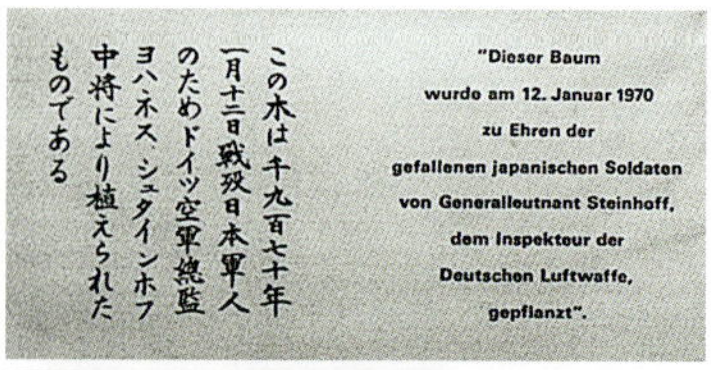
この木は千九百七十年一月十二日戦歿日本軍人のためドイツ空軍総監ヨハネス・シュタインホフ中将により植えられたものである
"Dieser Baum
wurde am 12. Januar 1970
zu Ehren der
gefallenen japanischen Soldaten
von Generalleutnant Steinhoff,
dem Inspekteur der
Deutschen Luftwaffe,
gepflanzt".

贈られた樫の木は、お祓いをして植樹された（靖國神社所蔵）

敗戦の悲劇
樺太・満洲の大和撫子たち
――純潔を守って自決・異国への留魂

樺太・撫子たちの集団自決

大東亜戦争末期の昭和二十年八月九日、ソ連軍は突如満洲国境を突破して大侵略してきた。南樺太《からふと》には十一日から南下を開始した。わが軍はどちらとも敢闘《かんとう》し、一時撃退に成功したが、十五日には終戦の詔書《しょうしょ》がくだされた。「即時戦闘行動中止、但《ただ》し止《や》むを得ざる自衛行動を妨げず」等の師団長命令が各部隊に伝達された。そのため抵抗しながらも、停戦交渉の軍使を派遣しなければならない。すると、「われわれには停戦命令は出ていない」として、ソ連側が軍使を射殺する事件も起こった。そのため軍使のみならず、一般民衆の間にも惨憺《さんたん》たる悲劇が各地で起こった。

樺太の恵須取《えすとり》北部にあった太平炭鉱病院の看護婦（師）二十三人は、重症患者の看護に当たっていた。そのためソ連兵に行く手を阻《はば》まれてしまった。そのとき高橋婦長は、「皆さんこれが最後です。日本の国と運命を共にしましょう」と呼びかけた。異議ある者はいなかった。八月十七日の朝、皆の持ち物は佐野農場の空き地に置き、死に場所を捜した。適当な大木を見つけ、その根元で輪になると全員で東方を拝し、「君が代」を斉唱すると、準備にかかった。ところが用意した麻薬や睡眠剤などの薬瓶が壊れていて、全員の致死量には足りない。手首の血管にメスを入れて出血を促す方法がとられた。その結果、死亡できた者は婦長以下六名。残りの十七名は死にきれず奇《く》しくも近くの製材工場の作業員によって助けられた（集団自決した高橋婦長以下六名は北海道護国神社に祀られている。自決の様子は当時二十七歳の鳴海寿美《なるみとしみ》副婦長の報告記による）。

そのほか真岡《まおか》の郵便局電話交換手九人の乙女たちは、ソ連の攻撃の前に職

昭和11年ごろの真岡郵便局庁舎（上）と電話交換室の様子（下）

真岡郵便局の九人の乙女の遺影

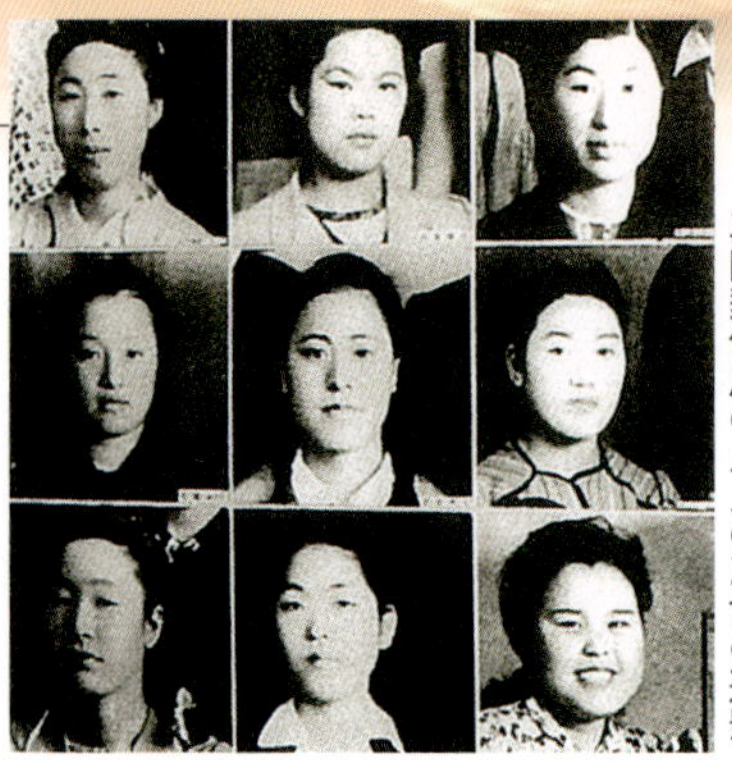

場を離れることなく、死をもって任務を完《まっと》うした。この健気《けなげ》な姿は、『樺太一九四五年夏　氷雪の門』（文部省選定、優秀映画鑑賞会推薦）ともなり、多くの人に知られているので、ここでは写真だけ紹介することにする。

ソ連軍の情欲のための ニセ命令

ソ連軍侵攻の悲劇は、満洲でも起こった。満洲国の首都・新京（長春に改称）には、戦後もソ連軍が駐留していた。そのソ連軍によって、満軍赤十字の看護婦であった堀喜身子《ほりきみこ》婦長ら三十数名は、長春第八病院に勤務を命じられていた。

年が明けて昭和二十一年の春、突然ソ連軍が、城子溝《じょうしこう》陸軍病院に、日本の看護婦三名の派遣を命じてきた。堀婦長は不安を覚えながらも、ナイチンゲール精神をもって、大島花枝《おおしまはなえ》ら優秀な看護婦三名を派遣した。

ほぼ一か月が過ぎたころ、三名の追加派遣の命令が届いた。堀婦長は荒川さつき以下三名を派遣した。二か月が経《た》ったが、大島看護婦らはまだ戻ってこない。にもかかわらずソ連軍は三度目の派遣を図々《ずうずう》しく要求してきたのである。抗議をすると「病人が次々増えて困っている」と言う。堀婦長は占領軍に反抗することもできず、井出きみ子以下三名をまた派遣するよりほかなかった。もう絶対に拒否する、と決めていたところ、また四度目の派遣命令が来た。

四度目は断らなければ、こちらの病院の業務に支障をきたす。そう決めてはいたが、断ればその報いが日本人社会全体に及ぶかもしれない。ようやく次の三人に因果を含め、六月二十一日月曜日の午前中に城子溝へ向かうよう申し渡した。それは十九日土曜日の夕方であった。

そのときであった。最初に派遣した大島看護婦が、命からがら帰ってきた。服は破れ、身体《からだ》じゅう血だらけで、裸《はだ》足《し》であった。彼女は鉄条網をくぐったときに撃たれ、銃弾は十一発に及んでいた。彼女は死を賭《と》して脱走してきたのだ。

看護婦長・堀喜身子女史

「もう看護婦を派遣してはいけない。看護婦の仕事でなく、ソ連軍将校のなぐさみものになる。毎晩三人も四人も。拒否すればひどい仕打ちを受ける……」

大島看護婦は、堀婦長の腕の中でそれだけ伝えると息絶えた。翌日の日曜日、看護婦全員で宮廷府の庭に穴を掘り、遺体に制服を着せて、野辺の送りを済ませた。

二十二人 抗議の集団自決

六月二十一日の朝になった。看護婦たちは誰も姿を現さない。堀婦長は胸騒ぎを覚え、彼女らの居室がある三階にかけ昇った。障子は閉まっており、入

自決した乙女たちの一部

口には靴が揃《そろ》えてある。障子を開くと絶句した。制服制帽姿の二十二人の看護婦たちが、全員合掌した姿で横たわっている。その中央の机には、大島看護婦の位牌が置かれている。青酸カリによる覚悟の集団自決である。位牌の横には、「共同の遺書」が置かれていた。

「二十二名の私たちが、自分の手で命を断ちますことは、軍医部長はじめ婦長にもさぞかし御迷惑と深くお詫《わ》び申上げます。私たちは敗れたとは云《い》え、かつての敵国人に犯されるよりは死を選びます。たとえ命はなくなっても、魂は永久に満洲の地に留《とど》まり、日本が再びこの地に還《かえ》ってくるとき、御案内致します。その意味からもなきがらは土葬にして、満洲の土にしてください」と書いて全員の名前が記されていた。年齢は二十一歳から二十六歳までの処女ばかり。あとでわかったことだが、彼女たちは身辺のよごれものはすべてまとめて、前日ボイラーで焼いていた。

病院の事務局長は張宇光という人物で、日本の陸軍士官学校出身であった。女性が死をもってソ連に抗議した姿に感動し、全員を火葬し、持ち帰れるよう手配してくれた。

破天荒なあの事件が終わって、堀婦長らはまだ帰らぬ八人の看護婦の行方《ゆくえ》を探した。一か月ほどしてミナカイ・デパートの地下にあるダンスホールで彼女らがダンサーをしていることを突きとめた。出かけてみると、八人のうち六人が肌もあらわな夜の女になっていた。彼女たちはこう言う。「皆、重度の国際梅毒にかかっていて、治癒《ちゆ》の見込みはない。こんな身体では日本に帰れず、皆に合わせる顔がない。この地に留まってソ連兵に復讐《ふくしゅう》するよりほかない」と。

九月になって在留邦人に帰国命令が来た。堀婦長は六人に南長春駅からの出発時刻を告げ、当日は駅で二時間前から待っていた。やっと細井たか子ら三人だけが現れた。彼女らは堀婦長にたくさんの食糧といくばくかのお金を渡すと、遂に同乗しなかった。堀婦長が会った六人は帰国せず、他の二人は行方不明。彼女らは、満洲を最後の地に選んだことは確かなのだが……。

自決した22名の乙女たちは「戦場のなでしこ」として戦後映画化された（昭和34年封切、新東宝）

乙女たちを祀る青葉慈蔵尊と松岡（旧姓：堀）喜身子元看護婦長

日本とインドの共鳴の歴史遺産

——独立50年「インドの夕べ」から

日本史を代表する五人
——レイキ氏は語る

平成九年（一九九七年）は、インドが独立してから五十周年になり、独立の英雄チャンドラ・ボース（一八九七—一九四五）が誕生してから百年に当たった。「経営者漁火《いさりび》会」の会長でインドとの交流に熱心だった中村功《いさお》氏は、インドから多数の貴賓を招いて、「インドの夕べ」を各地で開催した。東京では八月一日、代々木公園の野外ステージで開かれた。そのときのインド側の代表だったグランナース・レイキ元インド最高裁判事の挨拶が忘れられない。レイキ氏は日本史上の代表的人物五人の名前を挙げながら、日本とインドとの歴史的関係を語った。その要旨をご紹介したい。

　氏はまず、インドで起こった仏教を日本に定着させた聖徳太子の役割から入った。続いて、インド北辺からヨーロッパまで席捲《せっけん》したモンゴルの侵略を見事に撃退した北条時宗《ほうじょうときむね》と、鎌倉時代の団結力を評価した。さらに明治に移ると、岡倉天心《おかくらてんしん》を挙げた。天心はインドを訪れ、名著『東洋の理想』の中で「アジアは一つ」と訴えた。その後起こった日露戦争では、大国ロシアを相手に勇戦し、東郷平八郎《とうごうへいはちろう》がバルチック艦隊を撃滅したことに触れ、黄色人種が白人を破ったこの偉業に、アジア諸民族がいかに感動したかを述べた。

　この成果は大東亜戦争にもつながった。東條英機《とうじょうひでき》首相は、インド国民軍を指揮するチャンドラ・ボースに対する支援を命じた。かくして日印両軍は、苦しいインパール作戦を戦い、多くの青年が尊い血を流した。しかし、それによってインドは戦後独立できた。

　氏は最後に、「私はインドを代表して、〝日本よありがとう〟と申し上げたい。

一度はインパール国境に独立旗を掲げた日印両軍の兵士たち

日本とインドの歴史を顧《かえり》みれば、釈尊の教えからアジアの解放に至るまで、根底には同じ精神が流れている。アジアに新世紀を開く鍵《かぎ》はここにある。日印親善万歳、日本万歳」と述べ、挨拶を結んだ（外交評論家・加瀬英明氏の通訳による）。

インパール作戦と東條英機

私はこの「インドの夕べ」では主催者側だったので、ステージの上にいたのだが、レイキ氏の知日ぶりと教養の高さに驚いた。それとともに、日本で東條英機元首相といえば、「A級戦犯」の筆頭に数えられているのに、インド側代表はインパール作戦にゴーサインを出した東條元首相を評価し感謝しているのである。

日本でインパール作戦といえば、「大東亜戦争の三大愚戦」の一つとして悪名が高い。この作戦は、昭和十九年三月から、ビルマ・インド国境に横たわるアラカン山脈を越えて、遠くインド国内のインパールを攻略する作戦である。日本軍はインド国民軍（チャンドラ・ボース軍司令官）と共に悪戦苦闘し、参戦した八万五千のうち、三万余を失った。補給がなく、白骨街道を敗退する悲惨さは、憎悪をもって語られてきた。

東條首相（右）と会談をするボース（中央）

ところが、私は先年インドを訪問したのだが、彼らの評価は日本と全然違うのである。「インパール作戦は、最も大東亜戦争らしい作戦であった。あの作戦なくしてインドの独立はなかった」とか、「あの戦争は、ボースによって戦われた独立戦争だった」という声をあちこちで耳にした。

ボースの銅像はそれまでデリーに一つ、カルカッタに二つ、モイラン、ジャイプールにそれぞれ全身像や馬上像があった。そして平成九年には生誕百年を記念して、インドの国会議事堂に全身像が建ち、一月二十六日は「ボース生誕記念日」と定められた。

日本に生きるインドの遺産

私はステージでレイキ氏の話を聞きながら、以上のようなことを連想していた。もし司会者が私に何か発言するように指示したら、何を語るべきか。レイキ氏に応《こた》えて、「日本に生きるインドの遺産」を語りたかった。そのときは残念ながら指名されなかったので、ここでご紹介したい。

インドに生まれた釈尊は、日本やアジアのみならず、世界的に最も偉大な存在の一人である。サンフランシスコ講和会議（一九五一年）のとき、セイロン（現スリランカ）のジャヤワルダナ代表が行った不朽の名演説（九月六日）を忘れることができない。彼は語った。「日本が掲げた大東亜共栄圏の思想は、釈尊の教えに通ずるものがあった。釈尊の〝憎悪は仁愛によってのみ消える〟という教えは、アジア共栄の指針である。われわれは日本を憎悪するのでなく感謝しよう。日本から賠償を取り立てることに反対する」と。

　現在、鎌倉の露座の大仏で有名な高徳院の境内には、ジャヤワルダナ氏の記念碑が建ち、それには彼の像が刻まれている。

　また、岡倉天心の親友であったインドの詩人タゴールは、日本に四回来ており、アジアで最初にノーベル文学賞をもらった。彼は軽井沢をこよなく愛していたので、現在軽井沢にはタゴール公園があり、そこにはタゴールの胸像が建っている。さらに極東国際軍事裁判で日本を弁護したパール判事の記念館が箱根にあり、京都霊山護国神社には胸像と共に、判事の不朽の名言が刻まれている。

鎌倉にあるジャヤワルダナ前大統領の記念碑

軽井沢のタゴール公園に建つ胸像

京都霊山護国神社にあるパール判事の記念碑

　そして、平成十八年はチャンドラ・ボース生誕百年である。彼は昭和二十年八月十八日、飛行機事故のため、台北で殉難した。遺骨はこの代々木公園から約三キロの蓮光寺（東京都杉並区）があずかっている。今は黄金の厨子《ずし》に入れられ、別に胸像も建立されている。これまでインドの初代大統領であったプラサドやネール首相、インデラ・ガンジー首相らも参拝し、追悼文は記念碑に刻まれている。毎年の命日には、インド大使館からも参列し、追悼法要が営まれている。

蓮光寺にあるボースの胸像と筆者

インド独立運動に学ぶもの
——チャンドラ・ボースのダイナミズム

遺骨の納められた黄金の厨子

スケールの大きいボースの生き方

私が教鞭《きょうべん》を執《と》っていた高千穂商科大学から、一・五キロの所に蓮光寺《れんこう》がある。その寺にインド独立の英雄チャンドラ・ボース（一八九七―一九四五）の遺骨が、黄金の厨子の中に納められているのは、前項で紹介したとおりだ。

境内には、ボースの胸像が建てられ、その傍《かたわ》らには初代のインド大統領であったプラサドや、ネール首相、その娘のインデラ・ガンジー首相等のボースへの追悼《ついとう》文が、碑になっている。

私はゼミの学生を連れて何回か参拝し、胸像の前でボースの一代を語ったものである。学生たちは、「日本人離れ」したスケールの大きいボースのダイナミズムに感嘆する。私もインドを訪問したことがあるが、インドの青年たちも「インド人離れ」したボースの生き方に対して、「スプリング・タイガー（俊敏なる虎）」とか、「ネタジ（偉大なる指導者）」とかの愛称で呼ぶ。

学生たちは、ボースのどこに魅力を感じるのか。

ボースとヒトラーの会談

ボースはイギリスのケンブリッジ大学に留学して、帰国すると独立運動に挺身《ていしん》した。国民会議派に所属したが、ガンジーの非暴力による漸進主義にあき足らず、積極的な直接行動に訴えた。そのため何回も投獄された。そのころヒトラーのドイツは、対英戦でめざましい戦果を挙げていた。ボースはドイツの力を借りて、対英独立闘争を進めたかった。その彼が脱獄してドイツに到着したのが、一九四一年三月末であった。

　彼は早速在独のインド人や英印軍の捕虜を集めて義勇軍を結成し、ヒトラーに面会を求めた。しかし、ヒトラーは独ソ戦に追われ、インド独立の構想まで持っていなかった。やっとボースが

ヒトラーとボースの歴史的会見

ヒトラーに会うことができたのは、翌年の五月二十九日であった。ボースはヒトラーに会うと、いきなり切り出した。

「総統の書かれた『マイン・カンプ（わが闘争）』の第二十六章は、インド問題に触れていて気になる所がある。総統の気持ちは今もそのままかどうか」

『マイン・カンプ』は、一九二五年、ヒトラーが獄中で口述筆記させたもので、当時は世界的ベストセラーになっていた。この中でヒトラーは、アリアン民族の優越性を強調するあまり、黄色人種を見下げていた。「インド独立は成功の見込みがない。イギリスが倒れた後実現できる」と軽視していた。ボースはそこを衝《つ》いたのである。

　ヒトラーは肩をそびやかすだけで答えない。ボースは「インド独立に対して、せめて支援の声明を出してもらいたい」とたたみかけた。彼はついにボース自身をドイツ潜水艦で、日本に送り届けることを承諾させた。

　私はボースとヒトラーの会談の模様を、『チャンドラボースの生涯』（アレクサンダー・ヴェルト著）で読みながら、次のことを想起した。

自由インド仮政府首班として大東亜会議に出席したチャンドラ・ボース

『マイン・カンプ』を自己検閲した日本

ヒトラーは『マイン・カンプ』の中で、アリアン民族を「文化の創造者」、日本を「支援者」の中に分類し、見下げていた。「もし欧米が滅亡したら、日本文化の泉は涸《か》れ、再び眠りに落ちてゆくであろう」とも書いていた。彼は東洋を知らず、作品は独善と己惚《うぬぼ》れに満ちたものである。それでも当時の日本は彼に抗議もせず、自己検閲して日本を侮蔑《ぶべつ》した部分は削除して刊行して

いた。

あのころの日本は、大海軍・大陸軍を持ったアジアの大国であり、ドイツとは三国軍事同盟を結んでいた。それに比べてボースは徒手空拳《としゅくうけん》の身であったが、日の出の勢いのヒトラーの『マイン・カンプ』に抗議したのである。

日本の不甲斐《ふがい》なさは敗戦後も変わらない。占領政策に便乗し、最近は中・韓両国から歴史認識や靖國問題で内政干渉されれば、撥《は》ね返すどころかオタオタする始末である。マッカーサーも言っていた。「日本人は他のアジア人と同じく、弱いと見れば威張《いば》り、強いと見ればペコペコする。十二歳の少年である」と。その体質は、戦前戦後を通じて同じなのかもしれない。

軍事裁判に対する全国民的反抗

チャンドラ・ボースは、ドイツの潜水艦から日本の潜水艦に乗り継いで来日すると、インド国民軍（ＩＮＡ）を指揮してインパール作戦に従軍した。悪戦苦闘の末、日本は敗れ、ボースは八月十八日、台北で飛行機事故のため亡《な》くなった。イギリスは「チャンドラ・ボースのＩＮＡが女王陛下の軍隊に叛逆《はんぎゃく》した」として、指導者三名を軍事裁判にかけた。するとインド国民がこぞって反対運動に立ち上がった。運動は全国に広がり、ゼネストに発展し、軍隊さえも呼応した。

そのためイギリスは収拾できず、被告を釈放するほかなくなった。そのため被告の三人は凱旋《がいせん》将軍のように出迎えられたのである。

もし、日本でも極東国際軍事裁判に対して、インドのように裁判の不当性に抗議し、それが全国に広がり、ゼネストにでも突入したら、ＧＨＱ（占領軍総司令部）はどうしたであろうか――。

インドに学ぶことは多い。

ＩＮＡ裁判への反対運動はインド各地へと広がった

釈放された被告3人は熱烈な歓迎を受けた

世界に輸出せよ
二宮尊徳の報徳思想

ＧＨＱの占領政策と尊徳

かつて日本では、どこの小学校でも二宮金次郎（尊徳の幼名）の銅像が立っていた。それは金次郎少年が山に出かけて柴《しば》を刈り、それを背負って本を読みながら帰る可憐《かれん》な姿であった。小学二年生の「唱歌」の時間には「二宮金次郎」の歌を習った。この歌は明治四十四年に作られ、昭和十六年に「ウタノホン」が出るまで、歌い続けられた。

一、柴刈り縄ない草鞋《わらじ》をつくり
　親の手を助《す》け弟を世話し
　兄弟仲良く孝行つくす
　手本は二宮金次郎

戦時中、銅が供出され、その後は陶器やセメント造りの像に変わったが、教育的価値が変わったわけではなかった。

ところが、わが国が敗戦し、占領軍が進駐してくると、国民はしだいに虚脱状態に陥った。それを心配された高松宮宣仁《のぶひと》親王殿下は、昭和二十一年三月、尊徳の研究者など数人を招かれた。そのとき殿下は「占領軍のインテリの中には、日本を探究している者がある。尊徳のことを彼らに伝えたいものだ」と洩らされた。

高松宮様はすでに知っておられたのか、アメリカでは戦前『二宮翁夜話』や『報徳記』が翻訳出版されていた。また、アームストロング著『夜明け前――二宮尊徳の生涯と事業』も刊行されていた。また樵《きこり》の子リンカーンと農民出身の尊徳の相似性を指摘するアメリカ人もあった。ＧＨＱ新聞課長のインボーデン少佐も、尊徳をよく理解していたらしい。宮様から頼まれた尊徳研究者らは、彼とうまくコンタクトをとることができた。

インボーデン少佐は、機会を見て日本人に尊徳の「民主主義」を説いた。昭和二十四年には、雑誌『青年』（十月号）に、「二宮尊徳の再認識」と題する長論文を発表した。その中で「報徳思想の中には、民主主義の本質的精神が流れている」ことを強調し、「真理の道はただ一つ、儒教も仏教も道教も神道も、あるいはキリスト教も、この真理に至る入口にほかならない」と述べて、「一円融合」の報徳思想を評価した。

尊徳を否定する日本と肯定する諸外国

それでも当時の日本人は、尊徳に目を向けなかった。日教組に至っては、金次郎を「支配階級に都合のよい人づくりの見本」と言い、「歩きながら本を読むのは交通事故につながる」と揶揄《やゆ》していた。ある小学校の教科書に二宮金次郎が載ると、某大新聞は社会面のトップに「皇国史観教育の権化《ごんげ》の再登場」と大々的に反対キャンペーンを張った。そのころ注目すべきことがもう一つあった。昭和四十二年二月、東京都知事に当選した美濃部亮吉《みのべりょうきち》氏が、ある小学校を訪問した。彼は校庭に立っている金次郎像を見つけると、言下《げんか》に「今どき金次郎像など時代錯誤である」と評した。それ以来、都下の小学校から金次郎像はしだいに姿を消した。

台湾で売られている金次郎像（左は台湾を訪問するたびに金次郎像を買って帰るという浅野嘉雄《あさのよしお》医師）

このように戦後、尊徳は教育界やマスコミから否定的に扱われた。しかし尊徳を祀る神社は、全国で十三か所（報徳博物館調べ）にあり、そのうち約半分の七か所の神社は、戦後に創建されたものである。国民の意識の中には、戦後も尊徳は根強く生きていたのである。

それればかりではない。台湾では紫檀、黒檀、大理石、木彫というように、大小さまざまな金次郎像が売られている。教科書の副読本でも「日本の偉人二宮金次郎は、小さいころから寸暇《すんか》を惜しんで勉強した。読んでいる本は、中国の古典『大学』である」と教えてきた。さらに、ロサンゼルスやブラジルなどでは、私の身長よりも大きい金次郎の銅像が建っているのである。

ロサンゼルスにある金次郎像（右は通訳の足羽雄郎《あしばいさお》氏）

わらじ推譲の像を世界へ

最後に紹介したいことがある。金次郎の生まれた小田原を中心に、神奈川県では「薪《たきぎ》勤勉の像」のみならず「少年勉学の像」「初発願《はつほつがん》の像」などが建立されている。中でも注目されるのは「わらじ推譲《すいじょう》の像」である。

小田原市の勝福寺にある「初発願の像」

小田原市内の小学校に建立されている「わらじ推譲の像」

この像は金次郎が十二歳のとき、病気の父に代わって酒匂《さかわ》川の堤防工事に出た。しかし、幼少の身では一人前の仕事ができず、夜業《よなべ》をしてわらじを作り、それを大人たちに配ってまわった。余力をもって人様に推譲するという尊徳哲学が、当時すでに芽生えていたといわれる。「薪勤勉の像は交通事故につながる」と反対していた人たちも、「わらじ推譲」では反対できなくなった。私が大学生たちにこのことを話したら、次のような反応があった。

「日本の総理大臣が国連本部で演説するときには、この推譲の像のミニチュアを演壇の上にドンと置いてから話してもらいたい。〃日本の世界政策は、勤勉の精神で働き、余力をもって諸国に奉仕することである。金次郎少年は、そのことを十二歳のときに実践していた。この像が日本の心だ〃と結んだら、小林虎三郎《こばやしとらさぶろう》の『米百俵』の逸話より感動を与えるのではあるまいか」と。

それを聞いていた私の孫が、次のように差し挟《はさ》んだ。孫はソ連崩壊時、モスクワに在住していた。

「ソ連では、国が消滅すると同時にレーニン像が倒されてしまった。昔、神様だったレーニンの像は、一度に粗大ゴミになった。日本はロシアが持て余しているレーニン像を輸入して文部科学省の門の左側に建て、右側には金次郎像を建てたらよい。そしてその上に横断幕を張り〃レーニンよ、さようなら、金次郎よ、こんにちは〃と書いておけば、日本の教育が少しは好転するであろう」と。

世界の美術建築から見た伊勢神宮

ムガール建築の最高傑作 タージ・マハル

今年（平成十八年）の四月、私はインドを訪問した。地方議員を中心に、二百十数名が親善訪問団を組み、私は解説者の一人として同行した。そのためインド人ガイドと接する機会が多かった。どのガイドも、北部インドのアグラにあるタージ・マハルを、世界建築の最高傑作として誇らしげに語る。この建物は、ムガール帝国の第五代皇帝シャー・ジャハンが、妻の死を悼《いた》み、二十二年の歳月をかけて、一六五三年に完成させた廟である。確かに、彼らが誇るように、構成の均衡、装飾の壮麗、どこから見てもイスラム文明の生んだ必見の傑作である。インドには、似た建造物はたくさんあるが、タージ・マハルに及ぶものは他にない。

インド・イスラム美術の最高傑作と言われるタージ・マハル

ガイドがバスの中であまりにも自慢するので、ひやかしてみたくなった。

「タージ・マハルは確かにすばらしいが、世界にはこの程度のものが他にいくつかある。知っているか」

ガイドは首をかしげていたが、

「第一はタージ・マハル、その次がエジプトのピラミッドではないか」

と言う。

そこで私は次のように答えた。

パルテノン神殿とアンコール・ワット

「ピラミッドは単純な正四角錐《すい》であって、建築美と言えるかどうか。忘れてならないのは、ギリシアのパルテノン神殿だ。〝人類が到達できた建築美の結晶〟といわれるだけに、これを真似《まね》た建物は欧米のみならず東

アンコール・ワットとカンボジアの国旗

洋にも多い。中国の人民大会堂や毛主席記念堂は、この神殿のコピーだ」

ガイドもアクロポリスに建つパルテノン神殿のことは知っていて、「なるほど、他にどんな建築があるのか」と聞いてきた。私は「自分が直接見た範囲で言えば、カンボジアのアンコール・ワットとアンコール・トムを挙げたい」と言うと、同乗者の中から「そうだ、アンコール・ワットは凄《すご》い」と、呼応する声が挙がった。さらに、私は語った。

「カンボジアの国旗の中央には、アンコール・ワットの絵が描かれている。アンコール王朝は、九世紀から六百年にわたって栄えた。現地を訪ねれば、その王都の遺跡群が密林の中から忽焉《こつえん》として現れるという感じだ。目撃した者は、誰も凝然《ぎょうぜん》として立ちすくむ。

東洋美術に関心の深いアメリカの哲学者・フェノロサが、岡倉天心と法隆寺や薬師寺を訪ねたとき、その調和美を見て『凍れる音楽』と評したように、作曲家の團伊玖磨《だんいくま》は、アンコール・ワットを見て、『地底から噴き上げた大音響が突如石化し、五十一基の塔になったようだ』と、感想を述べた。ヒンズー教の中に仏教を取り入れた豪壮にして異様な連鎖は、密林の中に鳴り響く交響曲である」

私がバスの中でこんな話をすると、「インドネシアのボロブドールの遺跡はどうか。アンコール・ワットより三百年ほど古い。規模は少し小さ

完成までに数百年を要したドイツのケルン大聖堂

スペイン・カトリックの総本山・トレド大聖堂

いが……」とか、「ドイツのケルン大聖堂がある。これは十三世紀に造り始めて完成したのが十九世紀。ゴシック建築で、高さは一五七メートルもある」。するとまた別の人が「スペインのトレド大聖堂はどうか。スペイン・カトリックの総本山で、造り始めた時期はケルン大聖堂とほぼ同じだが、完成するまでに三百年かかり、高さは九〇メートルある」。

ブルーノ・タウトやトインビーの感じた伊勢神宮

私が同乗したバスには海外経験者が多く、談論風発した。そのとき、香川県から参加したご婦人から質問が出た。「日本には、それらに匹敵する

ものはないのですか」と。車内は急に静かになった。私は外国にばかり目を向けていた自分が恥ずかしくなった。急に学生時代に読んだブルーノ・タウトの『日本美の再発見』（岩波新書）を思い出していた。タウトはドイツ生まれのユダヤ人で、昭和八年一月にヒトラーが政権をとると、危険を予知して五月には日本に亡命した。建築家の彼は、日本の造形や工芸に深い憧憬《しょうけい》を抱いていた。日本の建築を見て回ったのちに、前掲の本を書いた。内容を二、三紹介すれば、

①それまでは日光東照宮といえば、日本で最も美麗な凝《こ》った美術建築で、「日光見ずして結構と言うな」とか、陽明門《ようめいもん》を見始めたら日が暮れてしまうといって「日暮門《ひぐらしもん》」と呼んでいた。それに対してタウトは、東照宮は野蛮《やばん》なまでに虚飾を加えたもので「専政的な将軍趣味」と、一言のもとに斬《き》り捨てていた。タウトが評価したのは、伊勢神宮や桂離宮《かつらりきゅう》や飛騨《ひだ》白川郷に見られる純日本的作品である。これこそ国土・風土やその他の条件と一体となった「永遠なるもの」であって、「将軍趣味」に対して「天皇芸術」と呼ぶべきだ、というのである。

②また彼は、対立物を結合して万物を統《す》べるギリシア哲学のロゴスという概念を使って、次のように述べている。「同一のロゴスがギリシアに於《お》てはパルテノンとなって現れ、湿潤な日本に於ては、伊勢神宮となって表現せられた」と。

③タウトは、巻頭に「芸術は意味である。最大の単純のなかに最大の芸術がある」と掲げ、最後を次のように結んでいる。「独自な日本文化を開く鍵《かぎ》、そして日本が世界に与えた一切のものの源泉、それが外宮《げくう》・内宮《ないくう》及び荒《あら》祭宮《まつりのみや》を持つ伊勢神宮である」と。

そもそも伊勢神宮には、外宮・内宮以外に別宮として荒祭宮をはじめ合計十四のお宮がある。それぞれ厳粛な祭祀が行われており、それら別宮を総称して「荒祭宮」を紹介したのであろう。「伊勢神宮は国土と自然と信仰の調和を示す原型であり、これこそ日本が世界に与えた一切のものの源泉」とタウトは言う。

昭和四十二年に来日したイギリスの歴史家・アーノルド・トインビーは、伊勢神宮に参拝したとき、毛筆で感想を書いた。

"Here, in this holy place, I feel the underlying unity of all religions.."

〈この神聖なる場所に於て、私は世界のあらゆる宗教の根源的統一性を感ずる〉

トインビーも、伊勢神宮の中からタウトと同じ「ロゴス」を感じ取ったのであろう。

世界の識者をして「日本が世界に与えた一切のものの源泉」と言わしめた伊勢神宮

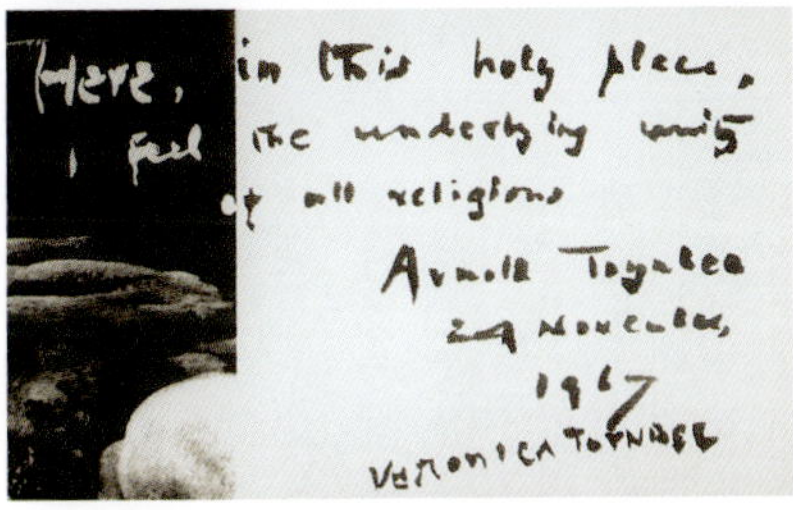

アーノルド・トインビーが伊勢神宮に参拝したとき毛筆で書いた感想文

人種差別反対を貫いた日本外交
――ユダヤの難民救済と日本建国の理想

六千人の命のビザ

『六千人の命のビザ』（杉原幸子著）という本がある。この本は、今日では外国語にも翻訳《ほんやく》され、内容もよく知られるようになった。そこに書かれている話は、今から六十数年も前に遡《さかのぼ》る。

昭和十五年七月、リトアニアの日本領事館に、ビザを求めて殺到するユダヤ人たちがあった。領事代理であった杉原千畝《すぎはらちうね》としては、ビザを出す場合、一人ひとりの行先国の手続きが完了しているかどうか、旅費その他を所持しているかなどを確認しなければならない。しかし、文字どおり命からがら逃げ出してきた大量のユダヤ人たちである。そんな余裕はとてもない。杉原は六千人分の「命のビザ」を発給し続けた。

この事実が、救われたユダヤ人たちの間で甦ったのは、ずっと後のことであった。杉原にイスラエル政府から勲章が授与されたのは一九六九年のことであり、八五年にはヤド・バセム賞（諸国民の正義賞）が授与され、エルサレムの丘では杉の記念植樹が行われた。

彼は昭和六十一年（一九八六年）、八十六歳で亡くなったが、死後も栄光が続き、アメリカの首都・ワシントンにあるホロコースト（集団虐殺）記念館には、スギハラ・コーナーが設けられ、『自由への脱走――杉原物語』と題する絵本にもなり、ニューヨーク、ロサンゼルスからも「勇気ある人賞」が授与された。

日本では、彼の故郷である岐阜県八《や》百《お》津《つ》町に「人道の丘公園」が造られ、いくつかのテレビ番組となり、中学・高校の英語や歴史教科書にも載るようになった。

リトアニアでの杉原千畝（『六千人の命のビザ』大正出版）

絵本『自由への脱走――杉原物語』

人道の丘公園のモニュメント

日本外交の三原則
——人種差別反対

私たちは、杉原千畝の業績を誇らしく思うとともに、忘れてはならないことがある。当時のわが国の外交三原則は、①自尊自衛、②アジアの安定、③人種差別反対の三点であった。大正八年（一九一九年）、パリ講和会議が開かれたとき、国際連盟規約が審議された。そのとき日本は、人種差別反対を規約に盛り込むことを主張した。

そのときは十六名の出席国中、十一名の代表が賛成し、英米等五か国が反対。すると、議長のウィルソンは、「全会一致でない」として、不採択を宣言した。しかし、この日本提案は黒人や少数民族に深い感銘を与えた。杉原千畝の挙も、この日本外交路線を踏襲したものといえよう。

オトポール事件と樋口少将

ドイツでヒトラーが政権を握ると、ユダヤ人迫害の政策を次々と打ち出した。ハルピンで病院を経営していたユダヤ人のカウフマン博士は、昭和十二年十二月に「第一回極東ユダヤ人大会」を開いた。参加者二千人。そのとき、わが国のハルピン特務機関長・樋口《ひぐち》季《き》一郎《いちろう》少将が挨拶し、「祖国を持たないユダヤ民族を守ることは、国家の政策を超えた人道上の問題」と強調し、深い感銘を与えた。

樋口季一郎少将（『陸軍中将樋口季一郎回想録』芙蓉書房出版）

ここで樋口の逸話を一つ。彼は若くしてロシア語を学び、ソ連のカフカス地方を旅したことがある。そのとき、ある玩具《がんぐ》店のユダヤ人が、「私は日本の天皇こそメシア（救世主）ではないかと思う。なぜなら、日本人ほど人種偏見のない民族はなく、天皇は国内でも階級的偏見を持たない人と聞いている」と洩らした。それ以来、彼はユダヤ問題に関心を持つようになった。（『樋口季一郎回想録』）

さて、ユダヤ人の大会が終了して三か月後の昭和十三年三月初め、大量のユダヤ人がソ満国境のオトポール駅に流れ着いた。ソ連はドイツに気兼ねしてか、その事態を収拾する気はない。零下十数度の中、放置すれば生命に危険が及ぶ。樋口は満州鉄道の松《まつ》岡洋右《おかようすけ》総裁に、

第2回極東ユダヤ人大会の様子

列車の手配を頼んだ。松岡は「日本はドイツの属国ではない」として快諾し、難民全員をハルピンに移送して救出に成功した。

この事件は、「オトポール事件」と呼ばれ、ドイツのリッペントロップ外相が日本政府に抗議してきた。政府は時の関東軍参謀長・東條英機《とうじょうひでき》中将にそのまま伝えた。東條は樋口を招いて事情を聞き、「結構であった」と同感し、それで終わりであった。

安江陸軍大佐と犬塚海軍大佐の尽力

樋口少将が参謀本部に転出すると、陸軍きってのユダヤ通である安江《やすえ》仙《のり》弘《ひろ》大佐が、大連特務機関長として采《さい》配《はい》を振るうようになった。安江大佐は時の板垣征四郎《いたがきせいしろう》陸軍大臣を説得し、

安江仙弘大佐（『大連特務機関と幻のユダヤ国家』八幡出版）

東京で五相会議（首相・外相・蔵相・陸相・海相）を開き、昭和十三年十二月六日「猶太《ユダヤ》人対策要綱」を決定した。その前文には、ユダヤ人を「独国ト同様極端ニ排斥スルガ如キ態度ニ出ズルハヒトヘニ帝国ノ多年主張シ来レル人種平等ノ精神ニ合致セザルノミナラズ」とあった。

ユダヤ人たちも、安江大佐の強調した日本建国の理想である「八紘一《はっこういち》宇《う》」の意味をよく理解していた。昭和十四年に開かれた第二回極東ユダヤ人大会の決議文の中には、次のような一節があった。

「大日本帝国ハ、ユダヤ人ニ対シ八紘一宇ノ国是ニ基キ、人種平等ノ主張ヲ堅持シ、大ナル同情ヲ持ッテ保護ヲ与ヘラレツツアル所ハ、我等同族ノ感謝ニ堪エザル所ナリ」（犬塚きよ子『ユダヤ問題と日本の工作』より）

もう一人忘れることのできない人がある。犬塚惟重《いぬづかこれしげ》海軍大佐で、海軍きってのユダヤ通である。当時上海《シャンハイ》は自由都市で、ユダヤ人たちが逃避する場所であった。犬塚大佐はその上海に犬塚機関を作った。彼は、ユダヤ財閥の協力を得て、次々と増える難民の収容施設・病院・学校等を作り、難民のための自治区構想も推進した。

イスラエルでは、ユダヤ民族に貢献した人の名前が「ゴールデン・ブック」に記される。性別や国を問わず、年代順に掲載される。昭和十六年十一月一日の欄には、樋口季一郎、カウフマン、安江仙弘の三人の名前が並んでいるが、犬塚惟重の名はない。犬塚は「天皇陛下の尊名こそ記録すべき」と、自分の名前の掲載を断った経緯《いきさつ》がある。

そしてもう一点、イスラエルでは、安江仙弘はその名誉が讃えられているが、彼は戦後大連からシベリアに抑留され、昭和二十五年に亡くなった。墓はハバロフスクの日本人墓地にあるが、参拝する者は皆無に近い。

犬塚惟重大佐の肖像画（『ユダヤ問題と日本の工作』日本工業新聞社）

靖國神社をめぐる日韓の共鳴
——各国の国立墓地と対比しながら

KBS記者の取材

私が『日韓共鳴二千年史』（明成社）を刊行して十年近くになる。この本は日韓の相互理解を促す作品として、上智大学からヨゼフ・ロゲンドルフ賞をいただいた。韓国の書店でも売られるようになって、これまでKBS（韓国放送協会、日本のNHKにあたる）や、釜山《プサン》テレビ、映画会社・スピリトン等から取材があった。韓国の記者たちは、日本語ができるし、日韓関係史も詳しい。

先日も拙宅にKBSの記者四名（二人は撮影係）が来訪した。「靖國神社について意見を聞きたい」と言う。

私は語った。終戦直後、私は平壌にいたのだが、朝鮮各地にあった神社が、いっせいに焼かれてしまった。日本に進駐したGHQの将校の間でも、靖國神社の焼却計画が起こった。マッカーサーは慎重を期して昭和二十年十月、ローマ法王使節であり、上智大学の院長であったブルーノ・ビッテル神父に意見を求めた。神父は、

「戦勝国、敗戦国を問わず、国家のために命を捧げた人に敬意を払うのは、国家にとって権利であり、義務でもある。もし靖國神社を焼き払ったとすれば犯罪行為であり、米軍の歴史に汚点を残す」

と回答した。神社を焼こうとしたGHQの悪計は、土壇場《どたんば》で阻止された。

特攻戦死した卓庚鉉大尉のこと

そしてもう一つ話した。昭和二十年五月十一日、特攻第五十一振武隊の一員となり、沖縄に向かって特攻戦死した日本名・光山文博《みつやまふみひろ》（朝鮮名・卓庚鉉《たくこうげん》）大尉のことである。私は釜山にある永楽霊園で、大東亜戦争で戦死した朝鮮人の慰霊祭に何回か参加したことがある。そのたびに、卓大尉の弟・南鉉《なんげん》氏（中学校長）夫妻も列席していた。朝鮮では、特攻隊参加者は、みずから志願して「日帝」の手先になったのだから裏切り者扱いにされる、と聞いていたので、私は

ご夫妻に話した。「お兄さんは靖國神社に祀られ、遊就館にはお写真が掲げられています」と。二人は顔を輝かせながら流暢な日本語で語った。

「兄も満足しているに違いありません。私たちもぜひ一度靖國神社に参拝したいと思っています」

光山文博大尉は、大正九年生まれ。京都薬学専門学校（現・京都薬科大学）に進み、学徒出陣した。特攻出撃の前年に母が亡くなり、辞世に母を慕う一首を残している。

たらちねの母のみもとぞ偲《しの》ばる、
弥生《やよい》の空の朝霞《あさがすみ》かな

鹿児島県の知覧《ちらん》から出撃したのだが、当地で食堂を経営していた鳥浜トメさんを母のように慕っていた。出撃の前夜、一人トメさんを訪ねた。トメさんが「今夜が最後だから、光山さんも歌わんね」と勧めると、「それでは故郷《くに》の歌を歌うから、お母さんも聞いてね」と答えた。

平素無口で恥ずかしがり屋の光山大尉は、戦闘帽を目が隠れるぐらい深く被《かぶ》って、柱にもたれてアリランを歌いはじめた。そのとき初めて、トメさんは光山大尉を朝鮮人と知った。アリランを歌う光山大尉は涙でクシャクシャになって歌にならなかった。トメさんは光山大尉の手をとり、トメさんの娘二人と共に四人で抱き合って泣きながら歌った。

この話は、KBSの記者たちも知っていた。「卓大尉は〝蛍となって帰ってくる〟と言い残して出撃したでしょう。ほんとうにそのとおりになりました。映画にもなったからよく知っています」

朝鮮人で特攻出撃した人は、合計で十五人。私は一人ひとり調べたが、胸が締めつけられるほど感銘を受けた。特攻志願の動機は、日帝の手先ではなく、根底に同胞愛があった。

「日本人が次々と特攻出撃しているのに、朝鮮人が一人も出撃しなかったら、終戦後朝鮮人の肩身が狭くなる。朝鮮人の中にも、日本国民としての責任と、朝鮮男児の気概を示しておきたかった。愛する後輩たちのためにも」。これが特攻出撃した人たちの真意であることを知ってほしい。

そこまで話すと、記者は「ありがとうございました」と礼を言った。

日本名・光山文博大尉（朝鮮名・卓庚鉉）

トメさんと記念撮影をした光山大尉（昭和二十年五月）

死んだら靖國神社で会おう

ここでいよいよ記者たちの質問に答えることになった。まず彼らは「死んだら靖國神社で会おう、という信仰は、日本にしかないのではないか」と聞いてきた。良い質問ではないか。私は次の三点を答えた。

①韓国の国立墓地は、一人ひとりの遺体を埋葬するから広大な土地を必要とし、大田市に百万坪の土地を別に新設した。アメリカも、アーリントンのみならず合計八か所に国立墓地を造っている。イギリスはもっと多い。死んだらどこに納められるかわからない。やはり一か所にしなければバラバラになる。

②民族固有の信仰で祀られているから、心が鎮まる。無宗教施設でも、靖國寺でも、靖國廟でも、そして靖國教会でも落ち着かない。やはり魂が帰る所は「靖國神社」がふさわしい。

③靖國神社は、歴史が古いだけあって、御祭神にまつわる感動の秘話が多い。尊敬する先輩や英傑と共に祀られたいという気持ちを持つ人も多い。イラクに派遣された自衛隊員も、「殉職したら、市ヶ谷の殉職自衛官慰霊碑の中に、名簿と共に納められるらしいが、私としては、できることなら二百四十数万の御祭神と共に靖國の杜《もり》に鎮まりたい。あそこは参拝者が絶えないし、日本国民と共にあるような気がする。やはり戦死して帰る所は靖國神社しかない」と話した。

アーリントン国立墓地

靖國神社では、特攻戦死した光山大尉を階級や民族の差を越えて合祀している

敵将を断罪せず 讃える日本の心

日韓は共に戦った

先月私は、韓国のＫＢＳテレビから靖國神社に関する取材を受けた。来訪したＫＢＳの二人の記者は、日本の東京大学大学院を出ていて歴史に詳しく、謙虚であった。やがて二人は、「Ａ級戦犯の分祀をどう思うか」と聞いてきた。私は直ちに応じた。

「戦後、戦勝した連合国が日本を軍事裁判にかけて、Ａ・Ｂ・Ｃ級千六十八名を処刑した。判事国を構成した国々は、米、英、仏、蘭、ソ連等が中心であった。彼らは何百年にもわたって侵略を重ねてきた張本人である。その国々が自分のことは棚にあげ、日本だけを犯罪国に仕立てあげ、事後法に基づいて裁いた。誰が見ても、そのインチキぶりは許せない。現在の世界で、東京裁判が正しかったと主張する人はいない」

このように話し始めると、二人は神妙に聞き入っていた。

そこで私は――

「韓国について言えば、日本人と朝鮮人は同じ国民として共に大東亜戦争を戦ったのだ。当時の朝鮮の若者たちがいかに熱狂し、志願兵が殺到したことか。開戦直後の昭和十七年には、朝鮮人の志願者が募集の七十倍に達した。参戦者は軍属を含めて二十四万余に及んだ。こういう事実を無視して、日本のＡ級戦犯だけを問題にされると、韓国民は信頼できない民族という違和感を覚える。日本人として最初にこう言わずにおられない。そこでＡ級戦犯だが、韓国にもＡ級戦犯がいるではないか」

私がこのように切り出すと、二人は驚いたように「エッ」という声を出した。私は続けた。

韓国における Ａ級戦犯は誰だ

「韓国も侵略戦争をしたのではないか。アメリカに便乗してベトナムに軍隊を派遣したのは、朴《ぼく》大統領だった。合計三十万人を八年間にわたって派遣した。後に大統領となった全《ぜん》斗《と》煥《かん》も盧《ろ》泰《たい》愚《ぐ》も出征している。その結果ベトナム女性との間に、混血児を一万人から作った。先年私がベトナムを訪れたとき、若者は『韓国大嫌い』と唾《だ》棄《き》していた。

ベトナム人はおとなしいから、抗議の声はまだ小さいが、A級戦犯である朴大統領夫妻は、国立墓地の一番奥の高台に祀られている。あの墓を撤去せよ、とベトナムから圧力をかけられたら、韓国人はそれに従うだろうか。ベトナムで戦死した遺族たちが、侵略戦争を指導した朴大統領と一緒に祀られるのは嫌だ、として国立墓地から遺体を引きあげると言いだしたら、韓国人はどうするか」

韓国が日本に対し、「A級戦犯の分祀」を強要するので、私はその主張を韓国に置き直してみせた。二人の記者は「初めて聞く話だ」とうなずいた。私は続けた。

5万を超える墓のある韓国国立墓地

韓国の国立墓地の最奥に祀られた朴大統領夫妻の墓

韓国侵略の元凶は金日成と毛沢東

「韓国を侵略した張本人は、言わずと知れた金日成主席ではないか。昭和二十五年六月二十五日、突如として北の共産軍が戦車を連ねて侵略してきた。不意を突かれた韓国軍はアッという間に釜山の一角に追い詰められた。国連十六か国がこぞって韓国支援に立ちあがった。九月十五日にはマッカーサーの指揮する仁川《じんせん》上陸作戦があり、一挙に鴨緑江《おうりょっこう》河畔にまで捲《ま》き返した。南北に分断されていた朝鮮もこれで一つになり、朝鮮戦争は終わるはずであった。

ところが十月初旬になると、毛沢東の指令による中共軍が不法介入してきた。中共軍は人海戦術によって次々と増大し、百万に達した。その後二年間、血みどろの戦争が続き、南北の国境線はほぼ以前の三十八度線に戻ってしまった。

韓国にとってもう一人の超A級戦犯は毛沢東ではないか。その毛沢東はギネスブックによれば、政権を獲得（一九四九年）してから文化大革命が終了（一九七六年）するまでの間に、四千六百四十万の大量虐殺を行っている。毛沢東は中国人にとっても、史上希《まれ》に見る凶悪犯である。このような人物のために、中国は天安門前広場の中央に壮大な『毛主席記念堂』を作っている。真ん中に置かれた毛沢

毛沢東のレリーフを保持する労働者の銅像（手前）と毛主席記念堂（奥）

東の遺体に集団参拝するとは、中国人民にとっても喜劇ではないか」

そして、私は次のように結んだ。

昨日の敵は今日の友

そもそも戦争は、国益や国家としての名誉とか正義を守るためにギリギリのところで起こる。国家の運命をかけた正義と正義の争いだから、戦争の責任は双方にある。そのことを弁《わきま》えている日本が、もし大東亜戦争に勝利していたら、敗戦国を軍事裁判にかけるようなことはしなかっただろう。日露戦争のとき、国を挙げてロシアの捕虜を大切にしたし、乃木希典将軍は、「昨日の敵は今日の友」として水師営の会見を行い、敵将ステッセルとの間に尊敬と友情が芽生えたことはよく知られている。

東郷平八郎大将は、日本海海戦が終わった五日後に、捕虜となった敵の司令官ロジェストウェンスキーを、佐世保の海軍病院に見舞った。アメリカなら、バルト海から東洋まで大遠征した侵略者だから、裁判にかけるところだが、東郷司令長官は敵の提督を見舞い、「困難な大遠征の成功は見事で、最後までよく戦われた」と、その勇戦を讃えた。

水師営での乃木将軍（中央の白いズボン）と敵将ステッセル（「日露役旅順開城」荒井陸男　画〈聖徳記念絵画館所蔵〉）

ロジェストウェンスキーは、感激して返す言葉もなく、涙ながらに「このような名将と戦い、敗れて悔いなし」と述べた。日本は敵将を裁判にかけるのではなく、讃えるのである。かくして相互理解と尊敬に基づく調和が生まれる。これが「日本の心」であり、平和を愛する精神なのである。

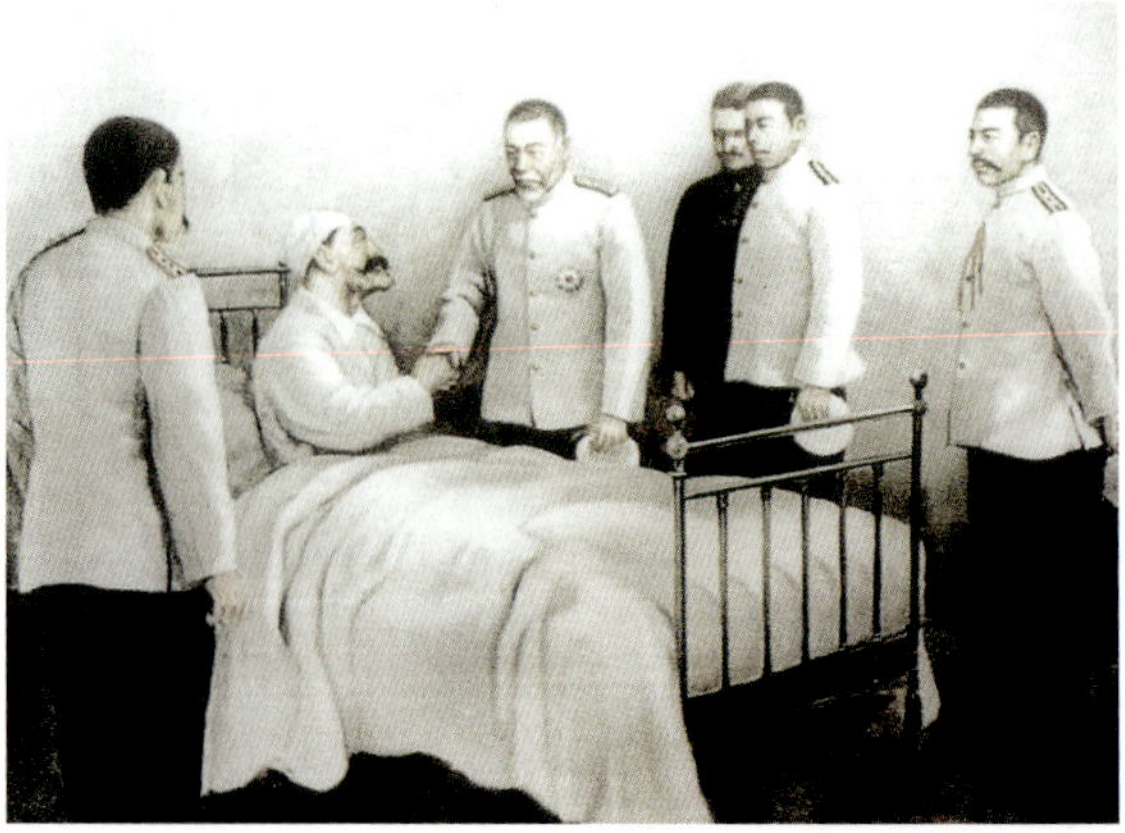

敵将ロジェストウェンスキーを見舞う東郷司令長官（東郷神社所蔵）

日露戦争と大東亜戦争に生きる武士道物語

世界史はどう評価する

前項の最後に日露戦争について触れた。旅順攻防戦に勝利した乃木希典将軍は、敵将ステッセルを水師営に招き、「昨日の敵は今日の友」として相互に勇戦を讃え、固い友情に結ばれた。続いて日本海海戦でバルチック艦隊を撃滅した東郷平八郎提督は、佐世保の海軍病院に捕虜となっている敵将ロジェストウェンスキーを見舞った。乃木将軍も東郷提督も敗軍の将に対し武士の礼を尽くしたのである。敗軍の将となった二人が、いかに感動したことか。それに対して日米戦争に勝利したアメリカは、他の連合国と共に日本を軍事裁判にかけ、千人以上を犯罪人として処刑した。世界の歴史は日本とアメリカの態度を比べて、どのように審判するであろうか。

日露戦争時の秘話はまだある。明治三十七年八月十四日、第二艦隊司令官であった上村彦《かみむらひこ》之丞《のじょう》提督は、蔚《うる》山《さん》沖でウラジオ艦隊を捕捉《ほそく》した。ウラジオ艦隊は、それまで日本商船十数隻《せき》を沈めた仇敵《きゅうてき》である。双方激しい海戦の末、巡洋艦リューリック号（一万トン級）を撃沈し、他の二隻を大破させた。そのためロシア兵六百余人が海上に投げ出された。それを見た上村司令官は、「彼ら全員を救助せよ」と命じた。各艦はボートを出して、漂《ただよ》うロシア兵六百二十七名すべてを救出した。

これまで欧米諸国では見られなかったことを、日本は実践で示した。世界は武士道の鑑《かがみ》として賞讃《しょうさん》を惜しまなかった。

沈没したリューリック号のロシア兵を救助する日本海軍
（東郷神社所蔵）

救出したロシア兵を「出雲」に収容し、被服を支給している様子

大東亜戦争の緒戦の鑑
——スラバヤ沖海戦

同じことは大東亜戦争の緒戦でも起こった。昭和十六年十二月八日、開戦にあたって日本は真珠湾の米国の太平洋艦隊を全滅させ、その二日後にはマレー沖海戦で英国の極東艦隊の戦艦二隻を撃沈した。さらにフィリピン、マレー半島、シンガポールを占領し、インドネシア作戦に移った。昭和十七年三月一日、スラバヤ沖において、英米蘭豪の連合艦隊と日本艦隊が遭遇した。開戦後最初に行われた艦隊決戦であった。当時の日本は当たるべからざる勢いで、十五隻の連合国艦隊のうち十一隻を撃沈（四隻は逃亡）した。

その日、駆逐艦「電《いなづま》」は、撃沈した英国の重巡洋艦「エクゼター」から投げ出された乗組員三百七十六名を救出した。そのとき「電」の一番砲手であった岡田正明《おかだまさあき》氏は「海軍時代最高の思い出は、〝沈みゆく敵艦に対し敬礼〟の号令が下されたシーンであった」と感想を述べている。

そして翌二日の午前、別の駆逐艦「雷《いかづち》」は、英国駆逐艦「エンカウンター」の沈没で漂流している英国兵を発見した。「雷」の工藤俊作《くどうしゅんさく》艦長は、幼いころ祖父母から聞かされていた「上村将軍」の歌を思い出した。その三番は、次のとおりであった。

蔚山沖の雲晴れて
勝誇りたる追撃に
艦隊勇み帰るとき
身を沈めゆくリューリック
恨みは深き敵なれど
捨てなば死せん彼らなり
英雄の腸《はら》ちぎれけん
救助と君は叫びけり（以下略）

かくして工藤艦長は躊躇することなく、「救助」の命令を下した。英兵はそれまで二十一時間にわたって漂流し、疲労困憊《こんぱい》していた。その英兵四百四名を救い、午後にはさらに十八人を救助した。工藤艦長は英兵全員を甲板《かんぱん》に集めると流暢な英語で挨拶した。

「諸君は勇敢に戦われた。今や諸君は、日本海軍の名誉あるゲスト（客員）である」と。

（参考・惠隆之介《めぐみりゅうのすけ》著『敵兵を救助せよ！』草思社刊）

日本軍を讃える
「シドニー海軍葬」

スラバヤ沖海戦が契機となって、インドネシアを三百五十年にわたって植民地にしていたオランダも三月九日には無条件降伏した。その後、日本の勢力圏は東南アジアに拡大し、五月三十一日には三隻の特殊潜航艇が、シドニー軍港を奇襲した。第一番に発進したのが、中馬兼四《ちゅうまけんし》海軍大尉と大森猛《おおもりたけし》一等兵曹の艇で、残念にも防潜網にひっかかり、壮烈な自爆を遂げた。二番目に発進した伴勝久《ばんかつひさ》中尉と芦辺《あしべ》守《まもる》一等兵曹の艇は、湾内深く潜入し、軍艦クタバルを撃沈した。撃沈に成功すると、湾外脱出を試みたが、砲撃で受けた損傷のため帰艦かなわず、タスマン海に沈んだ。

最後に発進したのが、松尾《まつお》敬宇《けいう》大尉と、都竹《つづく》正雄《まさお》二等兵曹の艇である。敵艦シカゴに肉薄したのだが、岸壁に艇を衝突させて故障し、魚雷発射も体当たりも不能となったため、二人は拳銃で頭を撃ち抜いて自決した。

六月五日、日本の大本営は「シドニー軍港の強襲によって敵軍艦一隻を撃沈したが、潜航艇三隻はまだ帰還していない旨」を発表した。ところが、オーストラリア海軍は、湾内で撃沈した二隻（一隻はタスマン海に沈んだまま）を引き揚げ、六月九日、四人の海軍軍人に対して、海軍葬の礼をもって弔った。

海軍葬の推進役となったムアヘッド・グールド少将（シドニー地区司令官）は、

「日本から一万キロ離れたシドニー軍港に対して、鉄の棺桶《かんおけ》に乗って突入した勇気は、一民族のものではない、全人類のものである。オーストラリアの青年諸君よ、日本軍人の千分の一の愛国心を持って、国のために尽くしてもらいたい」

と弔辞を述べた。海軍葬の模様は、国営ラジオで全国中継されたし、新聞も詳しく報じた。そのときの録音テープは、現在靖國神社の遊就館にある。葬儀終了後、四人の遺体は茶毘《だび》に付して河相《かわい》達夫《たつお》公使に託され、十月九日、横浜港に喪の凱旋をしたのである。

特殊潜航艇は、その後永久保存の手が加えられ、キャンベラの戦争記念館とシドニーに安置されている。毎年五月になるとマスコミは、「深海からの勇者たち」という特集を組み、昭和六十年には、トニー・ウィラー監督によって映画化された。そのビデオは私も所蔵している。

中馬兼四大尉（上段左）、大森猛一等兵曹（上段右）、松尾敬宇大尉（中段左）、都竹正雄二等兵曹（中段右）、伴勝久中尉（下段左）、芦辺守一等兵曹（下段右）

キャンベラの戦争記念館に掲げられた「シドニー海戦」

シドニー海軍葬における弔銃発射の様子

大東亜戦争のクライマックス
――マダガスカルに花開いた武士道

ディエゴ・スアレズ軍港への攻撃と戦果

戦争くらい悲惨なことはない。しかし、戦争くらい感動の物語が生まれることもない。昭和十七年五月三十一日、日本海軍はシドニー軍港を奇襲した。それに対してオーストラリア海軍は、日本軍人の遺体を引き上げ、海軍葬の礼をもって弔い、遺骨は丁重に日本にまで送り届けた。前項に紹介したこの美挙に関連して、取り上げずにはいられない物語がもう一つある。

それはシドニーを奇襲したのと同日の五月三十一日。日本海軍は、シドニーよりも遥かに遠距離にあるアフリカ東岸のマダガスカルにまで攻略の手を広げていた。同島の北端には、ディエゴ・スアレズ軍港がある。

この英国の軍港には、二隻の特殊潜航艇が派遣された。一艇には秋《あき》枝三郎《えださぶろう》大尉（二十五歳・山口県下関市出身）と竹本正己《たけもとまさみ》一等兵曹（二十九歳・広島県竹原町出身）が乗り組み、もう一艇には岩瀬勝輔《いわせかつすけ》少尉（二十一歳・香川県山田村出身）と高田高三《たかたこうぞう》二等兵曹（二十五歳・福井県坪江町出身）が乗っていた。この二艇は母艦に乗せられ、波荒きインド洋を越えて、日本から約一万五千キロのマダガスカルをめざした。大東亜戦争の戦域で最も遠い地点まで攻め込んだことになる。そして、シドニー奇襲とほぼ同時刻、月光輝く夜陰にまぎれて、突如英国のディエゴ・スアレズ軍港を奇襲したのである。

そのときの戦果はめざましく、軍港内の戦艦ラミリーズ号（一九一五〇

秋枝三郎大尉（左上）、竹本正己一等兵曹（左下）、岩瀬勝輔少尉（右上）、高田高三二等兵曹（右下）

港外に眠る特殊潜航艇

トン）を大破させ、タンカー一隻ブリティッシュ・ロイヤリティ（六九九三トン）を撃沈した。

どちらの艇が成功したのかは確認すべくもないが、予定では攻撃が終わると二艇は港外に脱出し、母艦が待機するモザンビーク海峡で落ち合う手筈《てはず》になっていた。しかし、一艇は途中でサンゴ礁に引っかかり、座礁してしまった（右上の写真参照）。すると二人の乗員は艇から抜け出し、上陸して陸路をモザンビークに向かって走った。三昼夜かかって六月三日に、めざす地点が見えるベエタエタという丘にたどりついた。ところが、すでに約束の時間を過ぎていて母艦が見えない。見えたのはイギリスのパトロール隊十数人の銃口であった。

英軍は降伏を勧めたが応《おう》じず、二人は蜂《はち》の巣のように撃たれて戦死した。ベエタエタまで到着して戦死したのは、秋枝艇の二人か、それとも岩瀬艇の二人か、確定は慎《つつし》まねばならない。

現地大使館の慰霊碑建立

戦後、そのことについて最初に現地調査をしたのは、昭和四十七年、柔道講師としてマダガスカルに招かれていた飯島政義《いいじままさよし》氏（千葉県館山市在住）であった。氏は現地人に案内してもらいながら、二人の軍人の足跡をたどって、ベエタエタまで到着した。そこには墓標がなく、遺体を埋葬した場所は確認できなかったが、現地人からおよその位置を聞いてケルン（石を積み上げた墓標）を作った。

その後、作家の豊田穣《とよだじょう》氏、元海上自衛隊の松浦光利《まつうらみつとし》氏などが訪ね、昭和五十一年には、在マダガスカル日本大使・中村輝彦《なかむらてるひこ》氏、坂巻《さかまき》一等書記官の尽力により、現地に慰霊碑が建てられた。その石碑には、日仏両語で次のように刻まれている。

日本海軍特殊潜航艇二勇士
一九四二年六月三日
コノ地ニテ戦死ス
一九七六年十一月十日
日本国大使館建立

平成9年5月31日、ディエゴ・スアレズ軍港の見える丘で、新しくなった慰霊碑の除幕式が行われ、マダガスカル軍および官民多数が出席した

掲げられた旗は、左からマダガスカル共和国旗、日本国旗、日本帝国海軍旗

日本海軍省公表とBBC放送

それでは、別の一艇はどうしたのか。昭和十八年三月二十七日、日本の海軍省はシドニー軍港とディエゴ・スアレズ軍港を攻撃した戦果を発表

した。その中でディエゴ・スアレズでは、五月三十一日午前二時二十八分ごろ（日本時間）港内上空に火焔《かえん》が映じたことから、多大の戦果を上げたものと公表し、「一部は上陸後敵陣に斬り込み、肉弾をもって敵を斃《たお》して戦死したものと認む」として、ロンドンのＢＢＣ（英国放送協会）に触れている。ＢＢＣは六月六日の放送で次のように報じている。「六月一日の朝、ディエゴ・スアレズの基地内に日本軍人二人が抜刀して斬り込んできた。英軍は包囲して〝武器を捨てよ、抵抗は空《むな》しい〟と呼びかけたが聞き入れなかったので、やむなく射殺した。わが軍の死傷者は六名であった」と。

チャーチルの『第二次大戦』

それでは、当時英国の首相であったチャーチルは、どう言っているか。彼は戦後、『第二次大戦』と題する全六巻の大冊をものした。

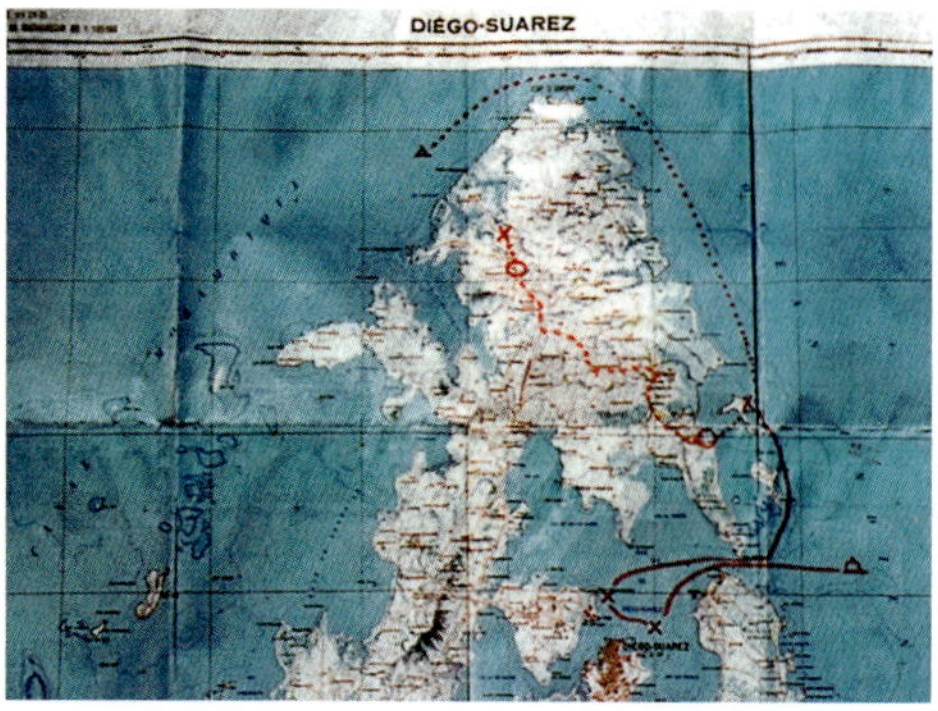

ディエゴ・スアレズ付近の地図。実線は潜航艇の進んだ進路、陸路点線は2人がベエタエタまでたどった経路
海上点線はモザンビークまでの予定航路

これでノーベル文学賞をもらったのだが、その第四巻には「日本の猛攻」と題し、マダガスカル攻撃について書いている。

それは、チャーチル首相から外相に通知する形になっており、日付は一九四二年六月二日とある。内容を要約すれば、

「日本の潜水艦は、ディエゴ・スアレズ港の至近距離まで接近すると、小型潜水艇を発進させた。軍港内に潜入すると戦艦ラミリーズと近くのタンカーに魚雷を打ち込んだ。その後、乗組員は潜水艦を離れて上陸し、攻撃してきた。イギリスのパトロール隊は、直ちに射殺した」と書かれている。

そして、チャーチルは行を替えて、「二人の日本海軍軍人は祖国のために献身し、類《たぐい》まれなる功績をたてた。（The two officers had performed a devoted exploit to their Country）」と結んでいる。これをコメントすれば、

①チャーチルから外相への報告は、日本海軍省の公表とＢＢＣ放送とほぼ同じである。別の特殊潜航艇の二人は、攻撃後の六月一日、ディエゴ・スアレズの基地に斬り込んで射殺された、となっている。軍港を攻撃した二艇のうち、一艇は陸路を三日間走って六月三日にベエタエタまで行き、そこで戦死した。もう一艇は、攻撃が終わると浮上してディエゴ・スアレズの基地内に抜刀斬り込み、そこで戦死した。四人とも戦意を失わず最後まで戦い、戦死したことになる。

②そしてもう一点、チャーチルの大著は、昭和二十七年に毎日新聞社が翻訳し、『第二次大戦回顧録』（全二十四巻）として売り出した。ところが、マダガスカルの巻で、チャーチルが日本軍人の活躍を讃えている部分は削除されている。そのころの日本のマスメディアには、占領政策による自己検閲の病根が強く残っていたのであろう。今もそうなのだが。

〔写真・図版に関して〕

○写真キャプションに出典が明記されていない写真・図版は、著者の提供による。

○写真協力

神宮司庁／神宮徴古館／聖徳記念絵画館／東郷神社／靖國神社／陸上幕僚監部広報室

○写真・図版転載

大塚きよ子著『ユダヤ問題と日本の工作――海軍・犬塚機関の記録』日本工業新聞社

杉原幸子著『六千人の命のビザ』大正出版

名越二荒之助編『世界に開かれた昭和の戦争記念館』（第一巻～第五巻）展転社

樋口季一郎著『陸軍中将樋口季一郎回想録』芙蓉書房出版

安江弘夫著『大連特務機関と幻のユダヤ国家』八幡出版

名越先生の魅力が詰つた一冊

明星大学戦後教育史研究センター　勝岡寛次

本書は、モラロジー研究所から出されてゐる月刊誌『れいろう』に、平成十七年一月号から平成十八年十二月号まで、二十四回にわたつて連載された名越二荒之助先生の「語り継ごう日本の心」を、単行本化したものである。

名越先生は本年（平成十九年）四月十一日、呼吸不全のため八十四歳で逝去された。本書は先生がこの世に遺された最後のまとまつた著作であり、先生のみ教へのエッセンスとでも言ふべきものが、一杯に詰つてゐる。

何より驚かされるのは、名越先生が世界を股にかけ、生涯をかけて蒐集・撮影された貴重な写真が、全頁カラーでふんだんに散りばめられてゐることだ。麗澤《れいたく》大学・麗澤高等学校で教鞭を執られてゐる長女の高草真知子女史によれば、先生は連載掲載中からこの画期的な試みに意欲満々であつた由で、出版の日を心待ちにされてゐたとのこと。先生の生涯のお仕事の総決算にしようといふ気持が、文面からもひしひしと伝はつてくる。

冒頭の「パラオの月章旗とサマワの自衛隊」では、パラオの国旗を手にして破顔一笑する先生の姿が見えるが、その後方にはバングラデシュの国旗と日の丸も見えてゐる。名越先生と言へば、この三つの国旗はトレード・マークのやうなもので、事ある毎に紹介されてゐたことを懐かしく憶ひ出す。（先生の畢生《ひっせい》の大著『世界に開かれた昭和の戦争記念館』第四巻の冒頭にも、「日の丸『三兄弟』考」として、この三つの国旗が紹介されてゐる。）

本書を一読して感ずるのは、常に世界と比較しつつ、世界に開かれた視点で日本の国柄を明らかにしようとする、先生の一貫した姿勢である。例へば「世界史の奇蹟、天壌無窮の神勅」では、台湾の許國雄博士や韓国の金容雲氏、アメリカ人のグリフィス博士が登場する。内容は天壌無窮の神勅と神武天皇の大詔の紹介なのだが、常に外国人の目を通して語られるので、新鮮にして印象が深い。とかく天皇や国体については「外国人には解らない」として、日本人は自分だけで解つた積りになりがちだが、それでは〝唯我独尊〟であり〝夜郎自大〟になりかねない。名越先生の素晴しいところは、外国人にも開かれたものとして、日本の国体を縦横無尽に語つたところにあると、改めて気づかせていただいた。

また、痛快極まりないのは、「敵将を断罪せず讃える日本の心」の章だ。韓国のKBSテレビから靖國神社の取材を受け、「A級戦犯の分祠をどう思うか」と質問された際の先生の受け答へは、正に先生の面目躍如たるものがある。普通の日本人なら、韓国と日本の宗教風土の違ひを強調して、防戦一方にこれ努めるところだらうが、名越先生は違つた。何と「韓国にもA級戦犯はいるではないか」と切り返して、相手の度肝を抜いたのである。韓国のA級戦犯とは誰か。詳しくは本文を読んでいただきたいが、同時に先生は、もし日本が大東亜戦争に勝つてゐれば、敗戦国の敵将を裁判にかけることは絶対しなかつただらう、それは日露戦争の際の敵将に対する日本の態度を見れば明らかだ、と断言されてゐる。

言はれてみれば、確かにその通りである。韓国人記者にも深い感銘を与へたこのやうな自在な発想にこそ、先生の真骨頂は遺憾なく発揮されてゐる。平易な語り口の中にも、常に陸離たる光彩を放つてゐた先生の魅力は一言では尽し難いが、先生の精神のエキスが凝縮したやうな本書によつて、その魅力の一端に触れていただければ幸ひである。

あとがき

月刊誌『れいろう』に「語り継ごう日本の心」を連載中、父はよく「今度の『れいろう』の連載はすばらしい。いい写真がうまく配置されているし、色もきれいだ。なにしろオールカラーだからなあ。ぜいたくだ」と言って喜んでいました。「でも、字数が少ないから、この中に盛り込むのがむずかしい」と言い、苦心しながらも楽しんでとりくんでいました。母によると、自宅の書斎の床いっぱいに写真や資料を広げ、どれを使おうかと考えている姿は、「まるでプラモデルを組み立てているときの子供のように無心で、嬉しそうに見えた」そうです。

そして、連載が終わりに近づくころには、「どの話を最後に持ってきて、どういう形でまとめようか、迷うなあ」と話していました。気になって読むと「大東亜戦争のクライマックス――マダガスカルに花開いた武士道」を最終回に据え、チャーチルの著書でしめくくっています。「フィニッシュが決まった！」と思い、私はしばし余韻に浸りました。

父はこれまで自分の仕事については家族にあまり語りませんでしたが、今回は違いました。実家に電話するたびに、記事の内容や編集者とのやりとりを嬉々《きき》として語るのです。以前、私が『れいろう』誌の編集に携わっていたからかもしれませんが、今まで以上に気合を入れ、一つ一つのエピソードに魂を込めて打ちこんでいるように感じました。

この連載が終わった二か月後、父は腹痛のため入院しました。検査の結果、胆管細胞癌と診断され、五十日間の闘病の末、平成十九年四月十一日、親族に見守られながら静かに息を引き取りました。

入院中にこの本の出版が正式に決まり、同じような体裁の本を病室に持っていくと、父はとても喜び、「こういう本になるのか。いいなあ。楽しみだ」と、何度もその本を手に取り、微笑みました。その笑顔が今もはっきりと思い出されます。こうして上梓することができ、父も安心し満足してくれていることと存じます。

自分で集めた写真を使い、史実をもとに先人の美徳や日本の真髄を訴える手法は、父独自のもので、この本は父の仕事のエキスと言えるでしょう。人生の最後に自分の力を発揮できる仕事にめぐり会い、それに打ち込めた父は本当に幸せな人だと思います。

最後になりましたが、渡部昇一先生、勝岡寛次先生には玉稿を賜り、まことにありがとうございました。お二人の真心こもった温かいお言葉に、父の人となりと仕事が昇華され、遺族として心が洗われるような思いがいたしました。また、父と一緒に世界各地を旅して、研究調査に協力してくださった同志の皆様、たくさんの資料や写真を提供してくださった方々に、厚く御礼申し上げます。そして、この本の出版にあたり、最後まで誠実に尽力してくださったモラロジー研究所出版部の皆様に、心から感謝申し上げます。

平成十九年　七月

麗澤大学・麗澤中学高等学校講師　髙草　真知子

名越二荒之助（なごし　ふたらのすけ）

大正12年（1923年）、岡山県生まれ。山口高等商業学校卒業後、入隊。新京陸軍経理学校を経て出征し、戦後ソ連に抑留される。北朝鮮、モスクワ、ハバロフスク等で5年を過ごす。復員後は、岡山県で県立高校の社会科担当教諭、教頭を歴任。昭和43年、家永教科書裁判の国側証人となる。51年より高千穂商科大学助教授、57年教授に。56年、参議院予算委員会の参考人（教科書問題）として問題提起。高千穂商科大学を退職後は著述と講演活動に専念する。編著書は『世界に生きる日本の心』『昭和の戦争記念館（全5巻）』（ともに展転社）、『日韓共鳴二千年史』（明成社）等多数。平成10年、『日韓2000年の真実』で上智大学より「ヨゼフ・ロゲンドルフ賞」を受賞。平成19年（2007年）4月11日逝去。

史実が語る日本の魂

平成19年 8月20日　初版第1刷発行
平成25年11月25日　　　第2刷発行

著　者　名越二荒之助
発　行　公益財団法人 モラロジー研究所
〒277-8654 千葉県柏市光ヶ丘2-1-1
TEL.04-7173-3155（出版部）
http://book.moralogy.jp
発　売　学校法人 廣池学園事業部
〒277-8686 千葉県柏市光ヶ丘2-1-1
TEL.04-7173-3158
印　刷　横山印刷株式会社

ISBN978-4-89639-142-8